Johannes Emil Kuntze

Über die Todesstrafe

Beibehaltung oder Abschaffung derselben

Johannes Emil Kuntze

Über die Todesstrafe
Beibehaltung oder Abschaffung derselben

ISBN/EAN: 9783743486621

Hergestellt in Europa, USA, Kanada, Australien, Japan

Cover: Foto ©ninafisch / pixelio.de

Manufactured and distributed by brebook publishing software (www.brebook.com)

Johannes Emil Kuntze

Über die Todesstrafe

Ueber

die Todesstrafe.

Beibehaltung oder Abschaffung derselben?

Ein Beitrag

zur Beleuchtung dieser Frage.

Von

Dr. Johannes Emil Kuntze,

a. o. Prof. der Rechte.

Zum Besten der Hinterlassenen verunglückter Bergleute.

Leipzig 1868.
J. C. Hinrichs'sche Buchhandlung.

Ueber

die Todesstrafe.

Beibehaltung oder Abschaffung derselben?

Ein Beitrag

zur Beleuchtung dieser Frage.

Von

Dr. Johannes Emil Kuntze,
a. o. Prof. der Rechte.

Zum Besten der Hinterlassenen verunglückter Bergleute.

Leipzig 1868
J. C. Hinrichs'sche Buchhandlung.

ein bei seinen Mitbürgern allgemein geachteter Protestant, der Ermordung seines Sohnes, welcher an Melancholie gelitten und erhängt aufgefunden worden, beschuldigt, nach standhafter Erduldung der Folter vom Parlamente zu Toulouse zum Tode verurtheilt und durch das Rad hingerichtet. Seine letzten Worte waren: „Ich sterbe unschuldig. Meine Richter müssen irre geleitet seyn. Christus aber, der die Unschuld selber war, starb ja eines noch qualvolleren Todes." Seine Familie ward dadurch veranlaßt, nach Genf auszuwandern, wo Voltaire von dem Vorfall Kunde erhielt und der Unglücklichen sich annahm. Auf seine Anregung wurde der Proceß revidirt und von den 50 Richtern die völlige Unschuld des hingerichteten Calas ausgesprochen. Diese traurige Begebenheit* gab den Anstoß zu einer Schrift, in welcher mit lebendiger Beredtsamkeit und Menschenfreundlichkeit die Härten der damaligen Strafrechtspflege geschildert und Gründe gegen die Tortur und Todesstrafe geschickt zusammengestellt wurden. Der Eindruck, welchen diese im J. 1764 veröffentlichte anonyme Schrift in der gebildeten Welt hervorbrachte, war außerordentlich; das italienisch geschriebene Buch erschien in vielen Auflagen und Uebersetzungen, und der Name des Verfassers, der bald bekannt wurde, Beccaria, steht seitdem an der Spitze aller Gegner der Todesstrafe.

Die Partei dieser Gegner hat sich bis in die neuere Zeit vorzugsweise aus der Zahl der Laien recrutirt; allerdings sind auch ganz tüchtige Denker darunter, aber es sind ihrer, scheint mir, im Ganzen doch viele mehr wohl= als klardenkende Köpfe. Pfotenhauer bemerkt (S. 50): „Das ist

---

* Ausführlicher erzählt von Pfotenhauer, Prof. in Bern, in seinem trefflichen Schriftchen: Die Todesstrafe (Bern, 1863) S. 25—36.

nicht zu leugnen, daß seit 1848, wo man unsere Frage zugleich zu einer politischen Parteiangelegenheit machte, und Manchem sich die Ueberzeugung aufnöthigen mochte, als freisinniger Mann könne man nicht wohl anders als gegen die Todesstrafe stimmen, die Zahl der Gegner zugenommen hat". Wenn man die ziemlich ansehnliche Literatur für und wider die Todesstrafe durchmustert, so ist es wahrhaft überraschend, zu finden, wie wenige erfahrne Criminalisten, also praktische Fachmänner, für Abschaffung, und wie viele Doctrinäre und Nicht-Fachkundige gegen-Beibehaltung der Todesstrafe ihre Stimme erhoben haben. Erst in neuester Zeit hat besonders unter jüngeren Juristen die Partei des s. g. Humanismus glückliche Propaganda gemacht, und es war vor einigen Jahren in Wien, als dort bei Gelegenheit einer anderen Frage oberflächlich über die Todesstrafe verhandelt und abgestimmt wurde, namentlich der jüngere Theil der Juristen, welcher den Ausfall gegen die Todesstrafe entscheiden half. Aber junge Juristen werden bekanntlich immer mit der Zeit auch älter und erfahrener.

Auch Beccaria war ein junger Mann und mit schönen Phantasien von Humanität erfüllt; es war nicht gar schwer, von dem frischen Grabe eines Unschuldigen aus der Stimme der Warnung weites Gehör zu verschaffen. Allein immer droht der Wahrheit Gefahr, wenn allgemeine Fragen unter dem überwältigenden Eindrucke eines einzelnen Falles beantwortet werden. Hören wir daher auch andere Stimmen.

Dem jugendlichen Schwunge des Beccaria steht das besonnene Urtheil eines Mannes gegenüber, welcher anerkannter Maßen einer der tiefsten Kenner der menschlichen Seele und der Verbrecherwelt ist: Feuerbach's. Derselbe sagt einmal:

„Ein Mensch, der einmal seine Hände in Menschenblut gefärbt hat und hierüber mit sich selbst wieder zur Ruhe gekommen ist, wird immer für die menschliche Gesellschaft eine ebenso grausenhafte und unheimliche als gefahrdrohende Erscheinung bleiben. Blut macht mit Blut vertraut, und der Abscheu, den man zum ersten Male überwunden hat, kostet zum zweiten Male keine Ueberwindung mehr. Wer eine so entsetzliche That verübt hat, der muß entweder rasend werden, oder er findet nur im Tode einen ruhigen Schlaf, oder — wenn keines von beiden — es hat der blutige Tod, den er gegeben, zugleich ihn selber sittlich gemordet. Ein solches Verbrechen gleicht einem Medusenbild, das zwar nicht den Leib, aber den sittlichen Theil der Seele versteinert."* Als in Hessen-Darmstadt vor 20 Jahren die Wiedereinführung der Todesstrafe berathen ward, erzählte der erfahrene Criminalist Breidenbach**, wie er als zwölfjähriger Knabe Zeuge einer Hinrichtung gewesen sei; ein Polizeidiener habe die Rohheit begangen, ihn mit auf das Schaffot zu nehmen, und ein noch roherer Henkersknecht habe ihm das abgeschlagene Haupt, von dessen Augen die Binde gefallen, in die Hand gegeben; diese grausige Erinnerung aus der Knabenzeit sei ihm immer lebendig geblieben, und dennoch müsse er bekennen, daß die von ihm gemachten Erfahrungen für Beibehaltung der Todesstrafe sprächen; 14 Jahre hindurch habe er die Begnadigungsgesuche zu begutachten gehabt, und bei alledem erkläre er die Todesstrafe für „eine sittliche Nothwendigkeit". — Hofacker sagt***: „Die Ansicht der nothwendigen Vergeltung einer Missethat schließt den der Missethat entsprechenden Maßstab der rechtlichen Vergeltung, den Strafmaßstab ein, daß nämlich derjenige, welcher ein fremdes Recht verletzt, dasselbe eigene Recht ganz oder

---

* v. Feuerbach, Hitzig's Annalen V. S. 435.
** s. Berner, Abschaff. der Todesstrafe (1861) S. 20.
*** Hofacker, Ueb. d. Aufheb. d. Todesstrafe (1865) S. 10.

theilweise verwirke, und damit der menschlichen Sühne, der richterlichen Strafe verfallen sei. Sie liegt so tief im Menschen und zieht sich seit Jahrtausenden durch die Geschichte hindurch, daß sie der Rechtsstaat verwirklichen muß, wenn er seinem Zweck entsprechen soll: aber nicht deßwegen, weil das Recht des Missethäters ihm zum beliebigen Gebrauche verfallen ist, sondern weil die innere Stimme aller Vernünftigen die Strafe unbedingt, kategorisch fordert. Es ist dies kein Gefühl (ein solches ist immer mehr oder weniger physischer Natur), sondern eine jedem Vernünftigen inwohnende, mehr oder weniger dunkel gedachte metaphysische Idee, bezogen auf das Recht oder die formale Bedingung der äußern Freiheit. Man könnte sie kurz das auf das Recht bezogene Gewissen heißen, und die Fähigkeit zu dieser Idee ist gerade der Vorzug des Menschen. Es ist dieselbe Stimme, welche schon so Manchen, welchem eine Blutschuld auf dem Gewissen lastete, antrieb, sich der Obrigkeit zur Sühne und Strafe zu Beruhigung seines eignen Gewissens anzubieten; dieselbe Stimme welche die zum Tode verurtheilten nicht ganz verdorbenen Verbrecher hindert, sich zu beschweren, daß ihnen zuviel oder unrecht geschehe, vielmehr zur Anerkenntniß treibt, daß ihnen recht geschehe. Daraus geht zugleich hervor, daß jemehr in einem Zeitalter der Glaube an die Abhängigkeit von Gott und an die Pflicht der Unterordnung unter seinen Willen und Führung entweicht, und einer mehr auf Erreichung äußerer Zwecke, als auf innere Veredlung gerichteten Bildung Platz macht, welche die Welt als eine sich selbst im Gange erhaltende Maschine, deren Regeln man nur zu erforschen braucht, betrachtet, — daß jene Ansicht um so mehr verdunkelt und nur nach dem äußern Zweck und nach der Entbehrlichkeit der Todesstrafe gefragt werden wird."

Im J. 1838, als in den Württembergischen Kammern über die Todesstrafe berathen wurde, waren unter denen, welche sich mit aller Entschiedenheit für Beibehaltung erklärten, der damalige Kanzler v. Wächter, eine notorische Autorität im Criminalfach, sowie mehrere Mitglieder des höheren Richterstandes; und als dort i. J. 1853 über die Wiedereinführung der durch die Frankfurter Nationalversammlung abgeschafft gewesenen Todesstrafe, aus Anlaß der Häufung der Morde, verhandelt wurde, erklärte der Obertribunalspräsident v. Harpprecht in dem von ihm entworfenen Commissionsberichte: Das Recht des Staats, Strafen und selbst die schwerste aller Strafen anzudrohen und zu vollziehen, wurde als von der Gesetzgebung aller Zeiten und Völker anerkannt vorausgesetzt, und die Berechtigung zu strafen überhaupt in der, in dem göttlichen Recht begründeten, Pflicht der Obrigkeit gefunden, die Rechtsordnung im Staate zu erhalten, und durch die Sühnung der Verletzung des Gesetzes, d. h. durch die Abbüßung der Schuld des Verbrechers das Recht zum lebendigen Bewußtseyn des Volks zu bringen. Erst vor zwei Jahren, wiederum in den Württembergischen Kammern, sprachen sich der dermalige Kanzler v. Geßler und der Chef des Justizdepartements Freih. v. Neurath mit Entschiedenheit gegen die Abschaffung der Todesstrafe aus; das bei dieser Gelegenheit von dem Obertribunalrath Beyerle ausgearbeitete sehr ausführliche Gutachten, welches namentlich auch auf alle erhobenen Einwände und erwähnenswerthen Bedenken eingeht, erklärt die Todesstrafe für rechtmäßig und nothwendig und hält sie als in der Rechtsüberzeugung des Volkes begründet. Was insbesondere diesen letzten Punkt anlangt, so stimmt damit auch die Ansicht eines der bekanntesten Criminalisten, nämlich Geib's, sowie diejenige erfahrener praktischer Juristen Hannovers, wie ich persönlich aus deren eigenem Munde hörte.

Von namhaften Criminalisten, welche Gegner der Todes= strafe sind, werden **Mittermaier** und **Berner** hervorge= hoben; ihnen reiht sich in neuester Zeit Herr Generalstaatsan= walt **Schwarze** an, dessen Verdienste um die Proceßreformen Sachsens sattsam bekannt sind. **Mittermaier** aber ist eine Autorität vielmehr unter Laien, als unter den Fachmännern; **Berner** ist erst in neuerer Zeit in einem weiteren Kreise prak= tischer Juristen zu einer Geltung gelangt, die sonst gerade von die= ser Seite am wenigsten der bloßen Stubengelehrsamkeit einge= räumt wird; und ein Anonymus in Schwarze's allgemeiner Ge= richtszeitung 1867 S. 34 (ob der Herausgeber selbst?) räumt sehr viel ein, wenn er sagt: „daß im Publikum selbst fortdau= ernd und namentlich unter den Bürgern ein lebhafter Wider= spruch gegen die Aufhebung zu bemerken ist... Die Thatsache, daß der größere Theil der Bürgerschaft wohl ziemlich in den meisten Ländern dieser Auffassung (von der Nothwendigkeit der Todesstrafe) sich hingibt, kann nicht bestritten werden". Jenen stehen gegenüber die Aussprüche von **Oersted**, **Klein= schrodt**, **Grolmann**, **Jarcke**, **Roßhirt**, **Abegg**, **Bauer**, **Just. Möser***, **Tittmann**, **Hepp****, **Geib** und, um aus neuester Zeit noch die Stimme eines in der Schweiz wohnhaften Juristen anzuführen, **Pfotenhauer's**, welcher in einem i. J. 1863 erschienenen Schriftchen (S. 51) erklärt, daß er weder durch Berner, noch durch Mittermaier von der Ungerechtigkeit und gänzlichen Entbehrlichkeit der Todesstrafe überzeugt worden sei, und hinzufügt: „Zwar befinden sich die Vertheidiger derselben noch

---

* Patriot. Phantasien Bd. IV. No. 34.
** Ueber den gegenwärtigen Stand der Streitfrage über die Zuläs= sigkeit der Todesstrafe (Tüb. 1835). Eine der ruhigsten und umsichtigsten Schriften über den Gegenstand.

immer in entschiedener Majorität: allein eben im Vertrauen hierauf, und weil sie sich außerdem von der Gesetzgebung und von der Volksmeinung getragen fühlen, verhalten sie sich mehr passiv und glauben nicht jeden Angriff auf ihren unvordenklichen Besitzstand abwehren zu müssen, während umgekehrt ihre Gegner des Kampfes nimmer müde werden, keine Gelegenheit vorübergehen und kein Mittel unbenutzt lassen, um mehr Terrain zu erobern. Dabei befinden sich diese Abolitionisten in der günstigen Lage, nicht blos alle Gefühlsmenschen und mitleidigen Seelen auf ihrer Seite zu wissen, sondern sich auch begeistern zu können für ihren Gegenstand, wozu es begreiflich die Gegner nicht wohl bringen können; denn wer vermöchte es, sich für das Schaffot zu begeistern! Allein eben diese Begeisterung hat bei ernsten Dingen auch ihre Nachtheile: sie verleitet zu nichts beweisenden Deklamationen, zu bloßen Appellationen an das Gefühl, und wenn nicht zum Verleugnen, so doch zum Verkennen der Wahrheit. Belege hiezu finden sich am häufigsten bei den nichtjuristischen Bearbeitern unserer Streitfrage, zumal bei den Franzosen. Allein selbst die beiden neuesten Schriftsteller vom Fach haben sich davon nicht ganz frei zu halten gewußt: Berner (in Berlin), der 1861 am geistreichsten und elegantesten, und Mittermaier, der 1862 am erschöpfendsten gegen die Todesstrafe geschrieben hat. Der letztgenannte gehörte früher und die längste Zeit zu den Vertheidigern der Todesstrafe. Nur allmählich kam er davon immer mehr zurück und glaubte am Ende die Hauptfrage, die er sich stellte: ist die Todesstrafe nothwendig? mit Rücksicht auf die zunehmenden Reformen im Gefängnißwesen und auf die Errichtung von Pönitentiaranstalten verneinen zu dürfen. Daher finden wir ihn schon 1848 in der Paulskirche auf der Seite der Abolitionisten, welche freilich Rechtfertigungsgründe anzuführen nicht beanstandeten, die man in einer stürmischen Parlamentsdebatte hingehen lassen, aber nur ungern noch jetzt wieder drucken lassen kann.

Man sagte nämlich damals, das Schicksal der Todesstrafe sei nicht mehr zweifelhaft; denn seitdem die Gesetzgeber selbst angefangen hätten, sich ihrer zu schämen, wie daraus erhelle, daß sie dieselbe nicht mehr öffentlich, sondern blos heimlich bei verschlossenen Thüren, vollziehen zu lassen den Muth hätten — seitdem sei der Stab über die Todesstrafe gebrochen! — als ob die Intramuralhinrichtung, die hiermit gemeint war, im Geheimen stattfände; und als ob Scham die Regierungen zu ihrer Einführung bewogen hätte! — Nun die Gegenpartei hat sich damals für diesen grundlosen Vorwurf auf eine nicht minder unzarte und bittere Weise gerächt, indem sie behauptete, die Abolitionisten hätten ihren Sieg hauptsächlich dem Umstande zu danken, daß gar Mancher unter ihnen Ursache gehabt habe, für sein und seiner Freunde Leben besorgt zu seyn, wenn sie die Todesstrafe nicht hätten abschaffen helfen. Berner erklärt offen, er lasse die Frage, ob der Staat überhaupt ein Recht über Leben und Tod habe, lieber unerörtert, weil dieses Recht gar wohl existiren könne, ohne daß deßhalb die Todesstrafe nothwendig wäre, und weil dies nur mit Hülfe zweifelhafter, gewagter Argumente geschehen könne, welche geeignet seien, manchen verständigen Mann in das entgegengesetzte Lager zu treiben. Mittermaier hat einen Beweis der Unrechtmäßigkeit der Todesstrafe versucht, allein theils unter Anführung von Gründen, welche er früher selbst widerlegt oder doch als in ein fremdes Gebiet gehörend von der Hand gewiesen hat, theils unter wesentlicher Bezugnahme auf die Besserungsfähigkeit eines Jeden, auch des schwersten Verbrechers." — Hierzu gesellt sich ferner die gewichtige Stimme Hofacker's, der mehr als 40 Jahre seines Lebens theils als acabemischer Lehrer des Criminalrechts, theils als Criminalrichter verbrachte und namentlich mehr als 10 Jahre im (Württembergischen) Cassationshofe den Vorsitz führte; auch dieser hat sich in ausdrücklichem Anschluß an den von Kant (Metaphys. Anfangsgründe der Rechts- und Tugendlehre, 1797. I. S. 195 ff.) abstract deducirten Satz „Wer gemordet hat, muß sterben!" mit der besonnenen Erwägung eines erfahrenen Praktikers ganz entschieden für Beibehaltung der Todesstrafe ausgesprochen*.

Ich schließe diese Uebersicht mit einer Aeußerung desjenigen Criminalrechtslehrers, welcher dermalen in Deutschland das zahlreichste Auditorium um sich versammelt, v. Wächters*: „Ich gestehe, daß es mir bald irrige religiöse Ansichten, bald übertriebene Sentimentalität, oder zu weit gehende, aber in der That nur scheinbare, Humanität, bald eine unrichtige Beurtheilung der menschlichen Natur, bald ein Setzen von unrichtigen oder beschränkten Strafzwecken zu seyn scheinen, welche zum Votum gegen die Todesstrafe bestimmen." Diese Ansicht des genannten Rechtslehrers wird von demselben noch jetzt in seinen jährlichen Vorträgen über Criminalrecht festgehalten und begründet. — So liegt diese Frage vor dem Urtheil erfahrener und anerkannter Criminalisten; und was sagt die Statistik dazu, die man heutzutage so gern als Beisitzerin bei Abgabe derartiger Urtheile zuzieht?

Es fehlt in dieser Beziehung an umfassenderem und klar gesichtetem Material, und es scheint gar zweifelhaft, ob der breite Griffel der Statistik überhaupt in die feinen Falten dieser Frage der Sittlichkeit und Gerechtigkeit zu bringen vermag. Behauptet hat man, daß in Toscana, wo die Todesstrafe Jahrzehende lang abgeschafft war, keine Mehrung der Morde wahrzunehmen gewesen sei. In Württemberg kamen nach den

---
* Ueb. d. Aufhebung der Todesstrafe in Württemberg (Stuttg. 1865).
** Die Strafarten und Strafanstalten des Königreichs Württemberg (Tüb. 1832), S. XV.

Angaben des Ministers in den Jahren 1843—1849, wo die Todesstrafe bestand, auf das Jahr durchschnittlich 3 Fälle von Mord und Mordversuchen, 1849—1853, während die Todesstrafe abgeschafft war, auf das Jahr 11 Fälle, in den Jahren 1853—1864 seit Wiedereinführung der Todesstrafe auf. das Jahr 5 Fälle*. In Rußland, wo seit einer kleinen Reihe von Jahren der Mord nicht mehr mit Tod bestraft wird (die Todesstrafe ist dort nicht abgeschafft, besteht aber nur noch für Hochverrath), macht sich in Russisch und Deutsch geschriebenen Zeitungen neuerdings laute und bringende Klage Luft über die schreckenerregende Häufung aller Arten von Mord und Raub.

2. Das Experiment.

Seitdem die Frage der Abschaffung aufgeworfen worden ist, hat man experimentirt. Das Experimentiren aber in Fragen der Gesetzgebung ist zu allen Zeiten ein leidiges Ding, denn das Recht hängt eng zusammen mit dem sittlichen Volksbewußtseyn, und dieses wird durch Nichts so erschüttert und untergraben, wie durch Unstetigkeit der Gesetzgebung und durch den Wechsel der Grundsätze derselben. In mehreren größeren und kleineren Staaten ist die Todesstrafe (eine Zeit lang) aus dem Strafcodex gestrichen gewesen, fast allenthalben aber ist sie, und zwar meistens sehr bald nachher, wieder eingeführt worden. Nirgends mehr als in Italien ist über diese Frage experimentirt, parlamentirt und disputirt worden, und nirgends weniger als in Italien ist das einzelne Menschenleben sicher vor den Dolchen der Rache und des

---

* S. Württemberg. Archiv f. Recht u. Rechtsverwaltung. Band 10 (1867) S. 314.

Raubes; erst vor drei Jahren war in Turin wieder die Abschaffung der Todesstrafe in Frage, während der dortige Justizminister erklärte, daß gerade damals bei der Häufung der Mordthaten am allerwenigsten die rechte Zeit für Abschaffung sei. Mit solcher Verblendung kämpft man für Phrasen und Phantome: es ist nur dadurch erklärlich, daß hinter der Rechtsfrage, welche aufgeworfen ist, von Vielen ganz andere Rücksichten politischer Utilität verborgen gehalten werden.

Blicken wir noch einmal auf die Geschichte unserer Frage. Frappant ist der Umstand, daß vorzugsweise in den Zeiten revolutionärer Stürme diese Frage immer neu auftaucht. Ein Gegner der Todesstrafe (Berner) muß eingestehen: „Die Abschaffung der Todesstrafe hat bisher zu den „Errungenschaften" der revolutionären Krisen gehört. Mit dem Antrag auf Abschaffung der Todesstrafe inaugurirten die Bluthelden Robespierre und Marat die erste französische Revolution. Als im Jahre 1830 die Exminister Karls X. hingerichtet werden sollten, schaffte man in Frankreich die Todesstrafe ab, rief dieselbe aber wieder zurück, nachdem die Minister gerettet waren. Im Jahre 1848 wurde überall gegen die Todesstrafe Sturm gelaufen, doch kam die Todesstrafe eben so schnell wieder, als sie schnell entfernt worden war." Selbst ein Gegner der Todesstrafe, der Kammer-Abgeordnete Müller-Melchior, hat es nicht verhehlt, daß die damalige deutsche Nationalversammlung (zu Frankfurt) bei der Abschaffung der Todesstrafe mit Leichtfertigkeit und Oberflächlichkeit gehandelt habe, und so ist denn auch nicht zu verwundern, daß fast in allen deutschen Staaten alsbald, nachdem die Wogen sich gelegt hatten, die Wiedereinführung erfolgte. Uns aber bleibt aus solchen Thatsachen die ernste Erwägung, ob unsere Frage, die ein Kind des Sturmes ist, ein Zeichen der Stille und ein Unterpfand der Gesittung sei, und ob jene Zeiten blutiger Revolutionen die Voraussetzung rechtfertigen können, daß die Menschheit besser geworden und der Todesstrafe nicht mehr bedürfe.

In dem schon angeführten Beyerle'schen Gutachten finden wir eine sorgfältige Zusammenstellung der deutschen und außerdeutschen Gesetzgebungen über die Todesstrafe; hieraus, sowie aus anderen Nachrichten ergibt sich folgendes Bild. In Oesterreich ist die Todesstrafe i. J. 1787 für das ordentliche Verfahren (im Gegensatz des standrechtlichen) gänzlich abgeschafft gewesen, schon i. J. 1795 jedoch für das Verbrechen des Hochverraths und i. J. 1803 auch für mehrere gemeine Verbrechen wieder eingeführt worden; der im vorigen Jahre vom Vorberathungsausschusse formulirte Antrag auf Wiederabschaffung wurde vom Abgeordnetenhause des Reichsraths abgelehnt.* In Preußen hatte zwar die Preußische Nationalversammlung v. J. 1848 die Abschaffung der Todesstrafe beschlossen, aber der Beschluß ist ohne Ausführung geblieben. In Württemberg kam die Frage der Abschaffung zum ersten Male i. J. 1838 bei Berathung des Strafgesetzbuchs in ernsthafte landständische Erwägung, fiel aber mit bedeutender Majorität schon in der 2. Kammer ab; infolge des Beschlusses der Frankfurter Nationalversammlung abgeschafft, ward sie bereits i. J. 1853 wieder eingeführt und zwar unter Zustimmung beider Kammern, und sie ward auch beibehalten gegenüber einer Petition von Einwohnern der Stadt Ludwigsburg, welche in der 2. Kammer im Februar 1865

---

* s. Oesterr. Gerichtszeitung, Jahrgang XVIII, S. 250.

sogar die Majorität für sich gewonnen hatte. Ebenso erlangte in Weimar i. J. 1852 und in Baden i. J. 1863 der Abschaffungsantrag die Majorität in der 2. Kammer; doch blieb die in den „deutschen Grundrechten" aufgehobene Todesstrafe nur in Anhalt-Dessau, Anhalt-Cöthen und Oldenburg aufgehoben, in Weimar ist sie erst neuerdings wieder wirklich abgeschafft, dagegen in Nassau infolge der politischen Veränderung neu eingeführt worden. Auch in Bayern war vor einem Jahre von der Abgeordneten-Kammer ein Antrag auf Abschaffung ausgegangen, aber die Todesstrafe trotzdem beibehalten*, und in der That auch zur Anwendung gebracht. Die Außerdeutschen Länder anlangend, so wurde in der Schweiz die Todesstrafe abgeschafft nur in den Cantonen Freiburg 1849 und Neufchatel 1854, doch ist sie in ersterem eben jetzt wieder eingeführt worden; in Zürich soll die Revisionscommission sich für Abschaffung der Todesstrafe ausgesprochen haben. Wirklich abgeschafft ist sie ferner in Rumänien seit 1864, in Neu-Granada und in dreien der nordamer. Vereinigten Staaten, nämlich in Michigan seit 1846, in Rhode-Island seit 1852, und in Wisconsin. In Toskana wurde die Todesstrafe 1786 zum 1. Mal abgeschafft, 1790 und 1795 wieder eingeführt; 1847 aufgehoben, 1852 wieder eingeführt und 1860 zum dritten Mal aufgehoben (?); in San-Merino, wo sie seit 1848 abgeschafft war, gilt sie jetzt wohl wieder auf Grund des zur Herrschaft gelangten italienischen Strafgesetzbuchs. In Frankreich haben die zu verschiedenen Zeiten gestellten Abschaffungsanträge weder im Senate, noch im gesetzgebenden Kör-

---

* S. Allg. deutsch. Strafrechtszeitung. Jahrg. VII. S. 292.

per Anklang gefunden. Endlich haben sich ganz neuerdings in Belgien Senat und Abgeordnetenkammer, sowie in Schweden beide Kammern für Beibehaltung der Todesstrafe erklärt.

Man hat in der That die Todesstrafe für überflüssig in unserer gebildeten Zeit erklärt und die Erfahrung dafür angeführt: wo die Todesstrafe abgeschafft worden, sei keine erhebliche Vermehrung der Verbrechen wahrzunehmen gewesen! Allein es liegt doch auf der Hand, daß bei Fragen so tiefer und allgemeiner Bedeutung von Erfahrung nur dann die Rede seyn kann, wenn man längere Zeiträume und größere Ländergebiete ins Auge faßt; nun hat, so viel wir geschichtliche Kunde haben, die Todesstrafe überall und jeder Zeit in Geltung bestanden und ist als die Spitze des obrigkeitlichen Schwertes geachtet worden, nirgends ist sie für größere Volksmassen dauernd beseitigt gewesen. Es fehlt also an aller eigentlichen Erfahrung; die sogen. Erfahrung ist hier nur eine Phrase, und sie würde eine Phrase bleiben, auch wenn wir in Sachsen das Experiment wagen wollten, und das Experiment zu glücken schiene, denn die Bewegungen und Umgestaltungen des sittlichen Geistes hängen durch tausend Fäden mit der gesammten nachbarlichen Länderumgebung zusammen.

Jene deutsche Nationalversammlung war eine Versammlung von Doctrinären, d. h. Lehrthümlern, welche auch die Frage der Todesstrafe doctrinär erledigten. Ueberhaupt hat sich die Frage bisher vornehmlich auf dem Gebiete des Doctrinarismus bewegt, wo sie sich mit allerhand Freiheits- und Besserungstheorien, die meistens auf Unklarheiten des Denkens und Handelns hinauslaufen, und sonstigen gemachten und künstlichen Theorien verschwistert hat. Mancher Halbgebildete hat sich diese sog. Humanitätsidee aufreden lassen, mancher Gegner der Abschaffung hat nicht mehr den Muth, sich zu seiner Ansicht zu bekennen; — aber in der Tiefe des wirklichen lebendigen Volksbewußtseyns, in der Brust tüchtiger und geradaus blickender Männer so gut wie in dem gesunden Sinn nicht sentimentaler Frauen wurzelt die Forderung der Todesstrafe unerschütterlich, und Verfasser dieses, welcher sich stets zur Aufgabe gemacht hat, ohne Vorurtheil und mit offenem Auge den wahren Ueberzeugungen des Volkes nachzuspüren, muß es aussprechen, daß ihm die Abschaffung der Todesstrafe durchaus nicht der sittlichen Volksüberzeugung zu entsprechen scheint. Bei Gelehrten begegnet man nicht selten verwickelten Theoremen, die auf Beseitigung der Todesstrafe hinzudeuten scheinen; in den nicht gelehrten Kreisen, namentlich größerer Städte, ist es höchstens der Zug einer gewissen Weichlichkeit, welcher jenem Doctrinarismus die Hand reicht. Aber hat Weichlichkeit ein Recht? Fast sämmtliche Einwände gegen die Todesstrafe laufen darauf hinaus, daß sie im Grunde Einwände gegen jede Strafart seyn würden. Will man aber die Strafe überhaupt abschaffen? Fast scheint es so! Dann aber wehe der Menschheit!

3. Die Einwände.

Man hat die Natur, das Sittengesetz, die Zweckmäßigkeit und auch Gottes Wort gegen die Todesstrafe angeführt. Betrachten wir in Kürze die am häufigsten erhobenen Einwände. — Ein Münchener Arzt (Schrauth) hat darauf hingewiesen, daß kein Thier ein anderes seiner eigenen Gattung tödte (außer in Leidenschaft oder Noth); dies beweise, daß das Naturgesetz der Erhaltung der Gattung dem Menschen verbiete, ein Individuum der eigenen Gattung zu tödten. Diese animalische Beweisführung aus der Naturlehre würde vielleicht recht leiblich zu der neuerdings mit Vorliebe gepflegten Theorie von der Affenverwandtschaft der Menschheit stimmen, dürfte aber bei ernstem Nachdenken kaum Jemandem stichhaltig erscheinen; mit Ekel wendet man sich hinweg von einem Standpunkt, von welchem aus nicht erkannt wird, wie himmelweit verschieden die Gesetze der unfreien und vernunftlosen Natur von dem Sittengesetz freier Vernunftwesen sind.

Schwerer wiegt es, wenn vom Standpunkt des Sittengesetzes aus behauptet wird, **der Mensch habe nicht das Recht, über ein Menschenleben zu verfügen.** Aber, so fragen wir da zuerst, was berechtigt denn den Menschen, seinem Mitmenschen das güldne Gut der Ehre abzusprechen, ihm die Habe ganz oder theilweise wegzunehmen, welche für seine Ausbildung und seine und seiner Familie Subsistenz vielleicht dringend nöthig ist, und gar die persönliche Freiheit, dieses höchste irdische Gut der Seele, zu entziehen oder auch nur zu schmälern, und einen zu freier Bewegung geborenen Menschen den oft gar schrecklichen Folgen der Gefangenschaft auszusetzen? Der Staat hat dem Einzelnen weder seine Ehre, noch die Freiheit, noch auch Geld und Gut gegeben, so wenig wie das Leben; dürfte der Staat nur nehmen, was er gegeben habe, so dürfte er eben gar **nicht strafen** — und in der That, er dürfte es auch nicht, und er dürfte also auch nicht Todesstrafe verhängen, wenn er nichts Höheres als der einzelne Mensch und als der Verbrecher selbst wäre! Wir geben es unbedingt zu, daß der Mensch in seiner einfachen Eigenschaft als Mensch jenes Recht nicht habe, dasselbe gehört vielmehr zur obrigkeitlichen Machtvollkommenheit und ist als ein solches Attribut der Obrigkeit Jahrtausende hindurch bei allen, und namentlich den civilisirten Völkern, bei den ästhetischen Griechen und politischen Römern so gut, wie bei den religiösen Israeliten angesehen worden. Der Mensch nicht als Individuum, aber als verfassungsmäßiges Organ der Obrigkeit hat das Recht über Leben und Tod eines Menschen; der Mensch ist nur das Organ des obrigkeitlichen Amtes, aber dieses selbst ist über dem Menschen und leitet seine Kraft aus einer höheren Quelle; das Amt ist eine göttliche Einsetzung, eine schöpferische Einrichtung dessen, der den Menschen selbst geschaffen hat. Die einzelnen Formen des Amtes sind Menschenwerk, die einzelnen Organe sind Menschen; wer aber den höheren Ursprung des Amtes leugnet, der leugnet das Wesen des Amtes, vernichtet das Fundament der Obrigkeit und entzieht ihr damit freilich das Recht, über Leben und Freiheit der Menschen zu richten. Würde aber dabei die Ordnung der menschlichen Gesellschaft bestehen können? Fürwahr, es gäbe keine größere Illusion als diese!

Man hat gesagt, die Strafe solle nur dem Verbrechen vorbeugen und den Verbrecher unschädlich machen, dürfe daher nicht denselben vernichten! Aber wo bleibt denn da die sittliche Idee der Strafe, die zunächst der Schuld gilt, vor Allem Zucht und Sühne will, und Recht und Gerechtigkeit zu üben hat? Und wie könnte danach der wesentliche und wichtige Unterschied der Verbrechen, von denen wieder Art und Grad der Strafen abhängt, zur Geltung kommen? Denn gilt es eben, unschädlich zu machen, so müßte ein Betrüger und Dieb lebenslänglich eingesperrt, und diese Maßregel hier noch sorgfältiger als sonst durchgeführt werden, da bekanntlich bei Dieben und Betrügern Rückfälle ungleich häufiger sind, als bei Mördern.

Man hat gesagt, es sei unzweckmäßig, mit dem Tode zu bestrafen, weil dadurch der Weg der Reue und Besserung abgeschnitten werde. Ein wohlgemeinter, aber sehr unklarer Einwand gegen die Todesstrafe! Die Strafe ist dazu da, zu strafen; nicht Besserung, sondern Sühne ist das Wesen der Strafe: das darf man nie vergessen. Die rechte und vollkommene Sühne wird freilich Besserung erleichtern und herbeiführen, aber sie kann nicht als der eigentliche Strafzweck gelten; die sog. Besserungstheorie umgeht und verschleiert das Wesen der Strafe. Wir fragen da zunächst, wer dann dem Menschen, dem Staate, der Obrigkeit die Befugniß ertheilt habe, den Menschen, den erwachsenen Mann, einen unabhängigen Bürger und einen vielleicht ausgeprägten „Karakter" — denn auch Karaktere gibts in der Verbrecherwelt! — zur Beschreitung des Wegs der Besserung zu nöthigen (durch Gefängnißzwang und allerhand damit zusammenhängende methodische Maßregeln)? und was die Staatsbehörde denn berechtige, von den verschiedenen Besserungs- und Erziehungsmitteln gerade die Freiheitsentziehung zu proclamiren und anzuwenden? Man müßte, wenn man die Besserung als den principiellen Strafzweck hinstellt, doch vor Allem das Recht des Staats, die Besserung durch Zwang zu erzielen, begründen. Es ist aber, so sagen wir weiter, auch psychologisch gar nicht wahr, daß die Freiheitsstrafen der Besserung größeren Vorschub leisteten, als die Todesstrafe, und es ist nur ein schöner Klang, wenn gerufen wird, die Todesstrafe schneide die Möglichkeit der Besserung ab. Freilich ist mit dem Tode der Weg der Besserung zu Ende, allein man weiß, wie wunderbar oft schon die Verkündung des Todesurtheils auf das Herz des Verbrechers gewirkt und eine innere Umwälzung in ihm hervorgebracht hat, die, so weit Menschenurtheil reicht, durch nichts Anderes hätte hervorgebracht werden können. Wie hiervon, so weiß die Criminalstatistik anderseits auch davon zu erzählen, daß so gar selten durch Abbüßung von langen Freiheitsstrafen Verbrecher gebessert worden sind. Was hilft die abstracte Möglichkeit der Besserung, wenn die Möglichkeit erfahrungsmäßig fast nie eine Wirklichkeit wird? So ficht man mit doctrinären Gründen! Man möge sich überlegen, daß, wenn die Todesstrafe abgeschafft wird, lebenslängliche Zuchthausstrafe an die Stelle tritt, und dann der Verbrecher in ein System von Einrichtungen, Eindrücken, Controlirungen und Beschäftigungen hineingeschmiedet wird, die den Geist eher starr und verstockt, als frei und besser machen.

Man hat gesagt, die Todesstrafe sei überflüssig, denn die Menschheit würde zusehends milder, gebildeter, civilisirter, besser. So sagen die sog. Ideologen d. h. Idealschwärmer, welche sich einreden, daß der Mensch einmal aufhören könne, Egoist zu sein. — Daß der Trieb des Verbrechens sich mindere, ist durch keine Statistik zu erweisen. Die Sünde bleibt, nur ihre Formen und Farben wechseln. In rauhen Zeiten wiegen die groben Formen und handgreiflichen Thaten, in glatten und civilisirten Zeiten die feinen und raffinirten Formen vor. Wo die Cultur wächst, werden die Tödtungen mit Waffen seltner, dafür die Vergiftungen häufiger, und die roheren Racheäußerungen nehmen ab, aber Treulosigkeiten an Hab und Gut, in Familien und Aemtern nehmen zu.

Unsere moderne Criminalstatistik entrollt uns manches grauenvolle Bild verbrecherischer Thaten, die Jahre lang ausgebrütet, mit kältestem Blut verübt und von dem Entschlusse begleitet waren, gleiche Thaten folgen zu lassen — verbrecherischer Thaten, in denen gleichsam die ganze Seele eines Verbrechers zu Tage trat, der mit der Menschheit in unversöhnlichem Zwiespalt lebte — oder verbrecherischer Karaktere, welche gewissermaßen eine Unthat zur Idee ihres Lebens erhoben hatten und in ihrer Brust mit Lust den Plan nährten, eine ganze Familie mit Gift zu vernichten, oder ein gehaßtes Individuum langsam zu Tode zu quälen, oder ein unglückliches Geschöpf der Leidenschaft der Wollust zu opfern. Noch immer, wie ehemals, gibt es Mutter- und Gattenmörder, Mörder aus Habgier oder Rache, Mörder in den niebrigsten und in den vornehmen Ständen. Der Egoismus stammt ja aus der untersten Tiefe der menschlichen Natur, und diese unterste Tiefe bleibt unberührt von allen civilisatorischen Veränderungen, welche, sei es nun wie sanftes Wehen oder wie aufrührerisches Stürmen, über die Fläche der Menschheit ziehen.

Man hat gesagt, Todesstrafe dürfe nicht verhängt werden, weil Justizmorde vorgekommen seien, und nichts schrecklicher sei, als wenn eine Strafe, die nicht zurückgenommen werden könne, über Unschuldige verhängt werde. Dies scheint der wundeste Fleck der Todesstrafe, und fürwahr es gibt weniges, was trauriger ist, als wenn das Leben eines Unschuldigen vernichtet, und vielleicht dadurch eine ganze Familie ins Unglück gestürzt wird.

Die entzogene Freiheit, nicht aber das vernichtete Leben kann wiedergegeben werden, falls später einmal Unschuld sich herausstellen sollte: und das nennt man „Reparabilität" bei den Freiheitsstrafen. Sehen wir diese aber etwas genauer darauf an! Wenn z. B. Jemand 10 lange Jahre als Sträfling gesessen, 10 Jahre der schönsten Lebenszeit und rüstigsten Manneskraft in Kerkerluft, zwischen den Wänden einer theilnahmlosen Zelle verhaucht hat, vielleicht sein Körper davon siech geworden, ein volles Maß Kummer und Schmerz von ihm geleert, seiner Familie ganzes Lebensglück für immer untergraben, mancher an dem Verurtheilten irre gewordene Freund und Verwandter inmittels ohne Aufklärung und Genugthuung verstorben ist: wer will da von Ersetzbarkeit reden? Solches kann nie und nimmer wieder gut gemacht und ausgeglichen werden. Und da dergleichen Fälle wirklich vorgekommen sind, müßte nicht auch die Freiheitsstrafe abgeschafft werden, wenn die Möglichkeit des Irrthums gegen die ganze Einrichtung spräche? Es ist eine Unwahrheit, bei Freiheitsstrafen von Ersetzbarkeit zu reden, da die Zeit verlorner Freiheit nie ersetzt werden kann, und mit der Büßung der Strafe Unwiederbringliches dahin ist: obiger Einwand beweist also zuviel, und bekanntlich, wer zuviel beweist, der beweist gar nichts. Daß der Mensch irren kann, liegt in der menschlichen Natur, ist aber mit nichten ein Grund gegen die Todesstrafe, weil dann ebenso auch die Freiheitsstrafe abgeschafft werden, d. h. die Strafrechtspflege überhaupt aufgehoben werden müßte. Es ist eine Unklarheit, eine Einrichtung, wenn sie an sich gerecht und heilsam ist, darum zu verwerfen, weil die menschliche Durchführung mit Schwächen behaftet ist; wir müßten dann die Behörden, die Schulen, die Museen, die Fabriken, die Bücher abschaffen, denn jede dieser Einrichtungen hat schon manchmal unter Umständen da oder dort zu sehr traurigen Vorkommnissen geführt oder Anlaß gegeben; es dürfte kein Vater sein ungerathenes Kind mehr züchtigen, weil es schon vorgekommen ist, daß ein einziger leiser Schlag dem Kinde das Leben gekostet hat. Gewiß, es ist etwas ganz besonders Schlimmes, daß auch nur die Möglichkeit der Hinrichtung eines Unschuldigen besteht, Vernichtung des irdischen Lebens ist noch Größeres, als Entziehung der Freiheit, und die Unwiderruflichkeit der vollzognen Todesstrafe ist etwas Schreckliches: allein noch Schrecklicheres ist der Mord; derselbe ist eine Unthat, welche die äußerste Grenze menschlicher Bethätigung berührt, und wenn auf dieser Grenze die Obrigkeit, die das Verbrechen zu bekämpfen hat, der Möglichkeit eines traurigen Irrthums ausgesetzt ist, so zeugt diese Möglichkeit gegen den Mord und beweist durch diese Konsequenz selbst eben das unvergleichlich Schreckliche des Mörders, nicht aber zeugt sie gegen die Obrigkeit, welche Todesstrafe verhängt, und nichts beweist sie gegen das Strafsystem, welches die Todesstrafe als ein wichtiges Glied seiner Kette verlangt. Diese ganze Kette wird innerlich gebrechlich, wenn die Todesstrafe herausfällt, denn sie ist das eigentliche Anfangs- und Schlußglied; und dieses Glied will man brechen um der abstrakten Möglichkeit eines Irrthums willen? Dieser Irrthum ist der Haupttrumpf, den man ausspielt; betrachten wir ihn darum noch genauer mit den Worten Pfotenhauer's (S. 54): „Ueberhaupt werden von Mittermaier und Berner Gründe gegen die Todesstrafe geltend gemacht, welchen man nicht sowohl für die Schweiz und für Deutschland, als vielmehr bloß für Nordamerika, England und Frankreich eine theilweise Berechtigung zugestehen kann. Mit welchem Rechte mag man wohl die nachtheiligen Folgen, welche sich aus den unangemessenen

Bestimmungen über die Strafbarkeit und über das gerichtliche Verfahren in diesen Ländern ergeben, ohne weiteres auch dem eigenen Lande aufbürden, wo jene Gebrechen, an welchen z. B. die französische Voruntersuchung mit ihren rein inquisitorischen Maximen, sowie die Englische mit ihrer unverzeihlichen Oberflächlichkeit leidet, ebensowenig anzutreffen sind, als der Leichtsinn, mit welchem sich dort die Geschwornen über ihren Eid hinwegsetzen oder doch früher hinwegzusetzen pflegten, bevor noch die Reduction der todeswürdigen Verbrechen auf eine Minderzahl eingetreten war. Gesetzt nun aber, es kommen dort noch immer nicht bloß ungerechtfertigte Freisprechnngen, sondern dann und wann auch Verurtheilungen Unschuldiger vor*; so folgt daraus auf keine Weise, daß dies alles auch bei uns der Fall seyn müsse, zumal wir uns weder die Buchstabenjurisprudenz der englischen, noch den Formenrigorismus der französischen Gerichte zum Vorwurf zu machen haben. Wenn es freilich noch in der heutigen Zeit, unter der Herrschaft der Offentlichkeit und Mündlichkeit des gerichtlichen Verfahrens, eine überall durch die Erfahrung bestätigte Wahrheit wäre, was Mittermaier (S. 110). sagt, „daß immer häufiger die Fälle vorkommen, in welchen Unschuldige zum Tode verurtheilt und selbst hingerichtet werden", oder wie Berner (S. 2) versichert, daß „die Nachrichten über Justizmorde uns aus allen Ländern und aus allen Zeiten zuströmen"; so würde diese Thatsache allein genügen, um Jedermann zu einem Gegner der Todesstrafe zu machen. Denn wenn es soweit gekommen wäre, daß auch die Unschuld je mehr und mehr und überall befürchten müßte, von den Organen des Gesetzes

---

* „Uebrigens sind es nicht die blosen Verurtheilungen, sondern die wirklichen Hinrichtungen, welche ein Hauptbedenken gegen die Todesstrafe abgeben; allein die Gegner unterlassen es meist, wenn sie sich auf Justizmorde berufen, jenen wesentlichen Unterschied in Anschlag zu bringen."

selbst und im Namen der Gerechtigkeit „auf's Blutgerüst geschleppt zu werden", dann wäre es hohe Zeit, die Justiz des Schwertes zu entkleiden, mit welchem sie so heillosen Mißbrauch getrieben. Allein sehen wir uns um nach den Beweisen für so exorbitante Behauptungen, so verweist man uns wiederum an's Ausland, an die französischen und die englischen Gerichte, für deren Justizfehler und Gebrechen einzustehen wir nun einmal durchaus keine Verpflichtung fühlen. Bloß einen Fall weiß Berner aus Preußen, und ebenso Mittermaier einen aus Hannover anzuführen, wo Unschuldige dort auf eigenes Geständniß, hier auf falsches Zeugniß hin zum Tode verurtheilt, aber nicht auch hingerichtet wurden, weil der Irrthum noch vorher aufgedeckt wurde.**

Man hat gesagt, in den Geschworuengerichten werde der Abscheu vor der Todesstrafe oft zu ungerechten Freisprechungen führen. Wir gestehen, diesen Einwand als den einzigen anzusehen, welcher klar und praktisch ist. Ob er aber auch berechtigt ist? Zuerst könnte dagegen gefragt werden, ob dieser Umstand, wenn er wahr ist, nicht vielmehr gegen Einführung der Geschwornengerichte, als für Abschaffung der Todesstrafe spräche. Sodann aber möge dies erwogen werden, ob nicht die Geschwornen, wo Todesstrafe nicht mehr gilt, bei schweren Mordanklagen zu leichtsinnigen Verurtheilungen leichter verlockt werden könnten! Endlich aber fragt sich, ob dieser Einwand auch wahr ist. Erfahrene, d. h. in der Leitung von Geschwornengerichten erfahrene Justizmänner

---

* Ueber mögliche Vorkehrungen besonderer Art für den Fall eines kleinsten Restes von Ungewißheit kann der von Beyerle in seinem obenangeführten Gutachten (Stuttg. 1867) S. 52—54 gemachte Vorschlag eines revidirenden Schwurgerichts verwiesen werden.

haben mir verfichert, daß fie in der fraglichen Beziehung durch=
aus keine ängftliche und ungehörige Milde der Volksgefchwornen
wahrgenommen hätten. So muß denn wohl auch diefer Ein=
wand als hinfällig bezeichnet werden.

Man hat endlich gar auch die heilige Schrift gegen
die Todesftrafe angerufen: Kain fei von Gott begnadigt wor=
den, und das fpreche gegen die Todesftrafe. Das ift nicht
richtig: Gnade hebt nicht das Gefetz auf, fondern fuspendirt
nur deffen Anwendung im einzelnen Fall. Kain ift eben be=
gnadigt worden! und er felbft gefteht das zu, daß er fein
Leben verwirkt habe und den Tod von fremder Hand gewär=
tigen müffe. Warum er von Gott begnadigt wurde, ift eine
andere, freilich nicht leichte, Frage; vielleicht weil der eigne
Vater, für ihn die damals einzige obrigkeitliche Autorität, in
diefem Falle nicht das Schwert gebrauchen follte.

Ja man hat fogar den Spruch des alten und neuen Tefta=
mentes (5. Mof. 32, 35 und Röm. 12, 19): „Rächet euch felber
nicht; die Rache ift mein, ich will vergelten, fpricht der Herr"
gegen die Rechtmäßigkeit der Todesftrafe angeführt: eine der
gedankenlofeften Berufungen auf Gottes Wort, die vorgekom=
men find; denn wer fich die Mühe nimmt, genauer nachzu=
fehen, findet, daß dort der Unfrieden unter den einzelnen
Menfchen, nicht aber das Einfchreiten der Obrigkeit verwor=
fen, und die Rachfucht, nicht aber das Strafamt gemeint fei,
mit dem großen Gedanken im Hintergrunde, daß das Seelen=
Urtheil für die Ewigkeit dem Herzenskündiger und ewigen
Richter vorbehalten bleibe. Auf eine Vermengung fo verfchie=
dener Gefichtspunkte kommen fämmtliche der heiligen Schrift
entlehnte Gegengründe hinaus, wenn fie ruhig und parteilos
ins Auge gefaßt werden.

4. Die Gründe.

Für Beibehaltung spricht das Volksbewußtseyn, die Philosophie und die heilige Schrift. Vom Volke soll unten noch genauer geredet werden; hier wollen wir hervorheben, daß zwei der tiefsten Denker aller Zeiten, Männer, deren Systeme nicht bloß in Deutschland, sondern in der ganzen gebildeten Welt mit höchster Achtung angeführt werden, Kant und Hegel, sich ausdrücklich für die Rechtmäßigkeit und Nothwendigkeit der Todesstrafe erklärt haben. Die Frage hat, wie schon bemerkt, Zusammenhang mit dem Wesen der menschlichen Gesellschaft; nur in diesem großen Zusammenhange kann sie gelöst werden. Jene Philosophen nun stellten die Frage in den Zusammenhang ihres umfassenden Gedankensystems, und aus diesem heraus haben sie ihr Urtheil abgegeben, das sicher hunderte und tausende oberflächlich geschöpfter Ansichten aufwiegt.

Blicken wir in die heilige Schrift! Man hat gesagt, erst in der Mosaischen Gesetzgebung, für die in Aegypten verwilderten Juden, sei die Todesstrafe eingeführt worden. Das ist nicht wahr. Es ist vielmehr eines jener großen Grundgesetze menschlichen Wesens und Lebens, welche für Noah und seine Nachkommenschaft an einem entscheidenden Wendepunkte, an der Schwelle einer neuen Entwicklung aufgestellt wurden: daß, wer Menschenblut vergießt, dessen Blut auch durch Menschen vergossen werden soll (Genesis 9, 6). Mit diesem gewaltigen Grundgesetz hat Gott der Obrigkeit das Schwert in die Hand gegeben, und seitdem hat bei Heiden, Juden und Christen bis auf unsere

Tage das Schwert als das eigentliche Attribut der Obrigkeit gegolten. Moses hat dann nur für Israel besonders das bestätigt; das römische Volk bezeichnete die Spitze des obrigkeitlichen Amtes geradezu als „das Recht des Schwertes". So hat auch der Herr Jesus dann das obrigkeitliche Recht des Schwertes anerkannt; er sagt zu Pilatus, da dieser ihn auf seine obrigkeitliche Macht über Leben und Tod hinwies (Joh. 19, 11.): „Du hättest keine Macht über mich, wenn sie Dir nicht wäre von oben herabgegeben"; er sagt zu Petrus: „Wer das Schwert nimmt, der soll durchs Schwert umkommen"; und der Apostel Paulus wiederholt in der bekannten und gewaltigen Ordnungspredigt im Römerbriefe: „Die Obrigkeit trägt das Schwert nicht umsonst, — sie sind Gottes Diener, die solchen Schutz sollen handhaben."

Die Obrigkeit ist der Arm der Gerechtigkeit, die Strafgewalt das Schwert in ihrer Hand, und die Todesstrafe die Spitze an diesem Schwert. Was ist ein Schwert ohne Spitze? Darum, wer überhaupt Strafe will, muß (im Princip) auch die Todesstrafe wollen, und ist die Strafe überhaupt gerechtfertigt, so ist auch die Todesstrafe gerechtfertigt.

Alle Strafe ist Sühne. Es ist eine Forderung der Gerechtigkeit, daß im Verbrecher, welcher das Recht versehrt hat, das Recht wieder hergestellt werde. Die menschliche Gesellschaft verlangt es, daß so das Aergerniß gehoben wird, und das eigne Gewissen des Verbrechers sagt es, daß er Genugthuung leisten muß, so daß er dadurch innerlich gesühnt, gereinigt und von dem Makel gelöst werde. Von diesem Gesichtspunkte aus, der schon in alten Volksrechten zu Tage tritt, ist die Strafe kein Uebel, sondern eine Wohlthat und Genugthuung für den Verbrecher selbst. Nicht die Strafe, sondern die

Schuld ist ein Uebel, die Strafe im Grunde das Mittel, von jenem Uebel zu befreien. Nun fragt sich: Was kann dies bewirken? Immer muß das Mittel dem Zweck, der Zweck aber dem Grunde entsprechen; also muß das Sühnmittel der Schuld entsprechen, die Strafe den Thäter in dem verbrecherischen Punkte seines Innern treffen, und ihn da erfassen, wo die Schuld sitzt. Nicht Vergeltung im groben Sinn, nicht eine Nothwehr des Staats im äußerlichen Sinn kann die Strafe, kann die Todesstrafe rechtfertigen, sondern der Umstand, daß die Schuld des Verbrechers sittlich aufgehoben, die Thatsache gesühnt und so der Verbrecher entsühnt, die Heiligkeit der Rechtsordnung gewahrt wird. Die Strafe entsühnt den Verbrecher vor der Menschheit, vor sich selbst und, wenn er sie in der rechten Gesinnung erduldet hat, auch vor Gott. Dies erwidern wir vor Allem dem Ausspruch eines neueren Schriftstellers: „Die Todesstrafe vermag den Umfang und die Tiefe ihres Thuns nicht ganz zu definiren, sie verknüpft eine unendliche incommensurable Folge mit einer endlich begrenzten That, und das ist der metaphysische Widerspruch der Todesstrafe." Es wird von mir im 2. und 3. Abschnitt das Entsühnungsmoment noch genauer begründet werden.

Findet sich, daß es eine so tief wurzelnde Schuld und so tief entsprungene That gibt, daß nur das Leben des Thäters die rechte und volle Sühne ist, so ist damit die Todesstrafe sittlich gerechtfertigt und als eine sittliche Nothwendigkeit anerkannt. Daß es aber in der That eine solche Schuld, solche Verbrechen gibt, das ist eine tief im Volksbewußtseyn haftende Wahrheit, und die Menschheit wird immer und immer wieder zur Anerkennung dieser traurigen, aber wichtigen Wahrheit gedrängt werden. Verkennt man diese Wahrheit, will man dem Schwert der Obrigkeit die Spitze nehmen, so wird das Schwert von denen, welchen es nicht gebührt, ergriffen werden; an der Schwelle der Pforte, durch welche die Todesstrafe entweicht, lauert die gräßliche Gestalt der Lynchjustiz.

5. Die Grenzen.

Die jetzigen Eiferer gegen die Todesstrafe geriren sich als die Erben der früheren Gegner derselben, früher aber war die Frage eine ganz andere. Da galt es zugleich gegen allerhand barbarische Sitten anzukämpfen: gegen die Folter, die so oft der Vollstreckung der Todesstrafe vorausging, gegen die ausgesuchten, oft widernatürlichen Verschärfungen der Vollstreckung selbst, sodann gegen die maßlose Anwendung auf alle möglichen schwereren und leichteren Verbrechen. Jetzt aber hat man die Folter abgeschafft, die Todesstrafe vereinfacht und auf die schmerzloseste Weise reducirt; nur für die allerschwersten Verbrechen hat man sie beibehalten; dazu wird im reichsten Maße die Gnade walten gelassen, und wenn es zu einer Hinrichtung kommt, diese in der mindest aufregenden und alles Schauspiel für rohes Volk fernhaltenden Weise vollstreckt. Freilich gewisse Gegner der Todesstrafe haben auch hier noch betont, daß die Untersuchungshaft bis zur Entscheidung und Vollstreckung eine Frist voll Pein und folglich eine unnatürliche Erschwerung sei; aber liegt solche Verzögerung nicht in der allgemeinen Schwäche der menschlichen Natur, die doch bei allen menschlichen Einrichtungen unbedingt mit in Kauf genommen werden muß? und gewährt nicht eben diese „Galgenfrist" dem Schuldigen eine unvergleichlich werthvolle Zeit zur Vollendung und Bewährung der vielleicht beginnenden innern Reue, Umkehr und Besserung? Ja, man hat auch gesagt, die

häufigere) Anwendung der Gnade mache die Rechtspflege un=
gleichmäßig und unselbstständig, aber ist nicht in der Rechtspflege
zunächst das Urtheil als ein sittlicher Wahrspruch das Wichtige?
und schlechte Gerichte müßten das seyn, die, wenn der Regent
vom Recht der Begnadigung Gebrauch macht, das auf ihre
Rechtsprechung hinüberwirken ließen.

So bleibt nur die Frage übrig, für welche Verbrechen die To=
desstrafe gebühre, mit andern Worten, in welche Grenzen sie
vom Standpunkt unseres heutigen sittlichen Bewußtseyns ein=
zuschränken sei. Es ist schon bemerkt, daß die ehemalige Maß=
losigkeit eingeschränkt werden mußte, und mit dieser Einschrän=
kung stimmt dann auch jenes angeführte uralte Grundgesetz
der menschlichen Gesellschaft, welches über den Mörder, d. h.
den, welcher mit Vorsatz einen Menschen tödtet, den Tod ver=
hängt. Welche Fälle darunter zu begreifen sind, würde genauer
festzustellen seyn, uns kommt es hier nur auf den Grundsatz
im Allgemeinen an, daß die Todesstrafe die Antwort der
Gerechtigkeit auf den Mord ist. (Vgl. übrigens III. Abschnitt.)

Mord, planmäßige Vernichtung eines fremden Menschen=
lebens, unterscheidet sich wesentlich von allen anderen Verbre=
chen, denn er hebt im Princip die Menschheit selbst auf.
Mord ist eine unvergleichliche That, denn er verneint das Da=
seyn eines Wesens, welches den Stempel des göttlichen Geistes
trägt, und dessen Lebensgrenzen darum Gottes unerforschlichem
Rathschluß vorbehalten bleiben sollen. Als vor Noah jenes
Grundgesetz aufgerichtet ward, wurde es damit begründet, daß
„Gott den Menschen zu seinem Bild gemacht" habe. Außer=
ordentliches kann nur durch Außerordentliches gesühnt werden,
Freiheitsstrafe ist aber nichts Außerordentliches, darum ist sie
für den Mord nicht genügend, und der Staat, welcher die To=

desstrafe abschafft, ist ungerecht gegen sich selbst, gegen die menschliche Gesellschaft, gegen den Mörder. Es klingt paradox und ist doch wahr, daß der Mörder ein Recht auf die Todesstrafe hat: der Fall ist nicht so selten, als mancher glauben mag, daß der Mörder selbst die Todesstrafe im überwältigenden Gefühl des Sühnebedürfnisses verlangt hat.

Ein maßvoller Bekämpfer der Todesstrafe sagt:* „Es läßt sich die Thatsache nicht bestreiten, daß Verbrecher selbst in der Erduldung der Todesstrafe die einzige Sühne ihrer Schuld auf Erden erblicken und daher die Vollstreckung willkommen heißen. Es sind dies nicht sentimentale, durch Gefängnißhaft oder geistlichen Einspruch künstlich erregte und gepflegte, überhaupt krankhafte Empfindungen. Gerade bei starken Naturen, welche bis zum letzten Augenblicke eine seltene Ruhe sich bewahrten, findet man derartige Anschauungen. In ihnen liegt ein gewichtiges Argument für die Todesstrafe."

Kann es nun wohl ein stärkeres Zeugniß für die Wahrheit des Sittengesetzes der Sühne geben, als das eigne Verlangen und Bedürfniß des Schuldigen, welches das stärkste Naturgesetz, das der Selbsterhaltung, zu überwinden vermag? Eine einzige solche Stimme übertönt einen ganzen Chor von Widersachern der Todesstrafe.

Es gibt aber nicht bloß solche Stimmen einzelner sittlicher Karaktere in der Verbrecherwelt, sondern mit ihnen steht im vollen Einklang der gewichtige Ausspruch unsrer zwei größten Dichter: Am Schlusse des „Faust" vernehmen wir aus dem Munde des schuldbeladnen Gretchen, welches, die dargebotene Hand des Geliebten von sich weisend und in der Obrigkeit

---

* Allg. Gerichtszeitung für Sachsen, herausg. von Schwarze, 1867. S. 41.

Gottes Arm erkennend, den verdienten Tod einem von Gewissensbissen erfüllten Daseyn vorzieht, jenen tiefernsten Ruf: „Gericht Gottes! Dir hab' ich mich übergeben!" Und „Die Braut von Messina" schließt in dem Augenblick, da der Mord in unwiderstehlicher Weise Opfer und Sühne gefordert hat, mit den Worten des Chors: „Dies Eine fühl' ich und erkenn' es klar: Das Leben ist der Güter Höchstes nicht; der Uebel Größtes aber ist die Schuld." —

Der Mörder also, in welchem das Gewissen nicht völlig erstickt ist, erkennt den Tod als das ihm Gebührende an. Wer aber ein verstockter oder ein feiger Mörder ist, hat ein solcher denn ein Recht, die Todesstrafe abzuwehren und zu sprechen, daß Niemand ihm sein Leben zu entziehen befugt sei? Er hat durch die That des Mords seine absolute Verachtung der menschlichen Existenz ausgedrückt und hat damit selbst sein Anrecht auf Wahrung seiner menschlichen Existenz verwirkt; wer sich in Kriegszustand setzt, darf sich nicht beklagen, wenn er nach Kriegsrecht behandelt wird. So hat sich der Mörder selbst gerichtet, seine eigne That kehrt sich wider ihn und richtet und vernichtet ihn.

Die Abschreckungstheorie ist eine unvollkommene Theorie, ich huldige ihr nicht, und werde unten im III. Abschnitt mich genauer darüber erklären; aber das ist mir gewiß, daß, wo die rechte Sühne versagt wird, das Rechtsbewußtseyn arg geschädigt wird. Nicht um das Volk abzuschrecken, soll die Todesstrafe beibehalten werden und vollstreckbar seyn, sondern weil nach ihrer Abschaffung die rechte Sühne fehlen, und durch die Abschaffung die Strafwürdigkeit des Mordes in den Augen der Menge herabgesetzt, der rechte Maßstab der Schuld verloren gehen und die Scheu des Verbrechens überhaupt vermindert werden würde. So oft ist schon geklagt worden, daß unserer Generation immer mehr der rechte lebendige Begriff der Schuld und des Verbrechens abhanden komme, unausbleiblich aber wird diese Richtung gefördert, wenn der Begriff der Strafe verflacht wird.

So fordern wir denn im Namen des Strafrechts, im Namen des Staatszwecks, im Namen des Volks und der menschlichen Gesellschaft, im Namen des Mörders selbst und im Einklang mit Gottes Wort und dem Sittengesetz die grundsätzliche Beibehaltung der Todesstrafe. Gottes Wort lautet bestimmt und klar: Wer Menschenblut vergießet, dessen Blut soll auch durch Menschen vergossen werden — will ein Staat nun sagen: Wer Menschenblut vergießet, dessen Blut soll nicht mehr durch Menschen vergossen werden? Wenn die Morde aufhören und es keine Mörder mehr geben wird, wird auch die Todesstrafe aufhören: eine solche sich von selbst ergebende Abschaffung wäre die einzig natürliche und gute, jede andere ist unserer Ueberzeugung nach eine gemachte und unheilvolle.

II.
Eine Mahnung zur Wahrung der obrigkeitlichen Strafgewalt.

Unsere Zeit ist eine Zeit großer Unruhe und Hast; Unzähliges wird umgestürzt, Vieles geneuert, Alles in Frage gestellt, Nichts in Ruhe gelassen. Was Wunder, daß auch die Todesstrafe, die so lange als ein Grundgesetz der Strafordnung und eine Säule der Criminalrechtspflege, als eine Forderung der absoluten Gerechtigkeit, als eine sittliche Nothwendigkeit für die menschliche Gesellschaft und für die einzelne Seele gegolten hat, von Neuem in Frage gestellt wird! Unsere Zeit soll also das gemein haben mit anderen Zeiten revolutionärer Krisen, daß man versucht, vom Schwert der Obrigkeit die Spitze abzubrechen; bemerkenswerth ist nur dies dabei, daß der erste Entschluß und Schritt dieses Mal (in Sachsen) von den Organen der Obrigkeit selbst ausgeht.

Ich habe mich darüber oben ohne Rückhalt und im vollen Bewußtseyn des Ernstes der Sache ausgesprochen. Wer möchte aber denken, sich über eine Frage von solcher Tiefe und Tragweite je erschöpfend ausgedrückt zu haben? Man hat es bei Fragen solcher Art nicht bloß mit Gründen des Verstandes, sondern zugleich mit Sympathien und Antipathien, und nicht bloß mit Gesichtspunkten des Themas selbst, sondern zugleich mit allerhand wirrselig hineingeschlungenen fremdartigen Zwecken und Zielen zu thun.

Seltsam, daß in einer Zeit, in welcher die Selbstmorde sich in so schreckenerregendem Maße häufen, ja oft die allernichtigsten Anlässe zu Beweggründen des Selbstmords werden und das lareste Urtheil über diese Sünde und den ewigen Werth von Menschenleben grassirt — daß, sage ich, gerade in solcher Zeit von gewissen Seiten her das Leben der Mörder so ängstlich und zärtlich behütet wird. Wie stimmt denn jener Zug des freigeistigen Liberalismus mit diesem Zuge der sog. Humanität der Ideen? jene grausenhafte Verachtung mit dieser Werthschätzung eines Menschenlebens? Wollen doch sonst jene beiden Tendenzen als Kinder Einer Mutter gelten! Man erkennt da sofort die grelle Unwahrheit in diesem ganzen Streben, und wer annähme, daß solches Streben aus der Tiefe des Volksthums quelle, der spräche ein schreckliches Urtheil über unser Volk. Wie könnte ein solches Volk denn eine Zukunft haben?

Aber, so werden manche Gegner der Todesstrafe uns hier zurufen, "was haben wir zu thun mit jenen freigeistigen Entschuldigern des Selbstmords?" Wohlan, blicken wir nun tiefer auf den Grund unsrer Frage, die ein Meer von Wogen, Strömungen und Strudeln enthält. Die Stürme, die diese Bewegungen machen, sind die Antipathien und Argumente, die oft gewitterhaft und wetterwendisch durch einander brausen. Wir haben die Hauptrichtungen dieser Stürme oben übersichtlich kennen gelernt und gefunden, daß keine einer ernsteren Erwägung Stand hält. Wir sind überzeugt, daß im allerletzten Grunde eine Neigung und Abneigung ganz besonderer Art ist, mit welcher wir es hier zu thun haben: auf diesen Hauptpunkt wollen wir jetzt etwas tiefer eingehen.

1. Der Arm der Obrigkeit.

Der Sturmlauf der die Todesstrafe bekämpfenden Partei — insoweit von einer wirklichen Partei die Rede seyn kann! — geht im Grunde gegen die Strafe überhaupt und gegen die Obrigkeit überhaupt. Die Spitze des Schwerts soll hinweg, der Arm der Obrigkeit wo möglich lahm werden; in der Todesstrafe bekämpft man jede Strafe, in der Spitze der obrigkeitlichen Gewalt zerstört man das Princip derselben. Nun glaubt der Verfasser zwar nicht, daß es jemals gelingen werde, die Todesstrafe auf die Dauer und allgemein abzuschaffen, sie wird immer und immer wieder eingeführt werden; es wird sich immer von Neuem und unabweisbar geltend machen; daß Todesstrafe die einzige den (eigentlichen) Mord treffende und diesem schwersten Verbrechen angemessene Strafe ist; man wird im Militärcodex die Todesstrafe jederzeit beibehalten und beibehalten müssen, und so bei der Abschaffung der Todesstrafe für Civilisten zu der fürwahr unerträglichen Inconsequenz genöthigt, Militärverbrechen verschiedner Art mit Todesstrafe, den Raubmord oder Elternmord nur mit Freiheitsstrafe zu belegen. Sollte es aber wirklich gelingen, die Abschaffung der Todesstrafe endgiltig durchzusetzen, was würde die Folge seyn? Es würde von da an Schritt für Schritt mit schrecklicher Consequenz Strafe auf Strafe dahinfallen*, und der Strafcodex zuletzt ein Ballen wirrer, stumpfer und süßlicher Regeln seyn, welche Jedermann nur auswendig zu lernen brauchte, um ungestraft Verbrechen üben und dem Arm der Obrigkeit entschlüpfen zu können.

Ein Zug der Weichlichkeit, verbunden mit einer gewissen Oberflächlichkeit, Verschwommenheit und Mattigkeit des Denkens geht durch unser Geschlecht. Der Lehrer soll nicht mehr den Zögling, der Meister nicht mehr den Lehrjungen züchtigen; das Publicum soll sich auf den Straßen und Plätzen von Schulbuben tyrannisiren lassen; Wenige wagen es noch, den öffentlichen Frechheiten, unter denen oft namhafte Interessen Aller leiden, mit Entschiedenheit entgegenzutreten; jeder Strafwürdige wird bloß als ein Unglücklicher, nicht als ein Schuldiger betrachtet; Verfasser hat es mit angesehen, wie das Straßenpublicum Partei nahm für einen auf der That ertappten und vom Bestohlnen verfolgten klei-

---

* Die Bahn zum Abgrunde der Straflosigkeit ist abschüssig genug. 1) Zwei Gegner der Todesstrafe (Eberty u. Schlatter) bekämpfen bereits auch die lebenslängliche Haft; 2) in Sachsen gehört es bereits zum Strafsystem, mit bequemer Behausung, warmer Kleidung und nahrhafter Kost auch die Annehmlichkeit musikalischen Genusses zu verbinden.

nen Unhold. So geht Vielen und immer Mehreren mit dem Begriff der Strafe der der Zucht, mit dem Begriff der Zucht der der Schuld, mit dem Begriff der Schuld der des Verbrechens und selbstverständlich somit auch die Achtung vor der Obrigkeit verloren; ein System der Hätschelei und Verzärtelung der Verbrecher beginnt sich in aller Stille zu entwickeln, das gar schlimme Früchte tragen muß. Mit der Vergötterung des Menschen hat unsere Generation bereits einen recht passablen Anfang gemacht: wenn es noch dazu kommt, daß der Cultus des Verbrechens ausgebildet wird: fürwahr, auf interessante Zeiten können dann sich unsere Nachkommen gefaßt machen. Man wird nicht mehr den Menschen im Verbrecher, sondern den Verbrecher im Menschen ehren, und es wird mehr Anstalten zur Wahrung der Mörder, als zur Wahrung gegen Mörder geben. Sage man nicht, daß es zu solchen Consequenzen unter allen Umständen nicht kommen könnte: der Irrthum, wenn er einmal verblendend zum Grundsatz geworden, zieht mit Unerbittlichkeit seine Consequenzen im Leben, und es wäre unglaublich, wenn man's nicht oftmals beobachten könnte, welchen Unsinn und Mißstand ein verkehrtes Zeitalter sich gefallen zu lassen vermag. Der künftige Ruhm Sachsens würde wahrlich nicht beneidenswerth seyn, daß es mit der Initiative seiner Intelligenz einen Hauptanstoß zur Einleitung und Herbeiführung eines solchen Zustandes gesellschaftlicher Verwahrlosung gegeben habe. Noch ist es Zeit, daß wir vor diesem Ruhme bewahrt bleiben, und indem wir dem Mörder geben, was des Mörders ist, das in Gottes Wort bestätigte obrigkeitliche Sittengesetz unseren Nachkommen im Princip unversehrt hinterlassen!

2. Die sittlichen Wurzeln der Strafidee.

Was soll denn eigentlich die Strafe? Die rechte Antwort hierauf ist auch die Antwort auf die Frage, ob Beibehaltung oder Abschaffung der Todesstrafe. Die Strafe als solche blickt nicht in die Zukunft, sondern in die Vergangenheit des Verbrechers, denn hier gilt es, eine Dissonanz zu lösen; die Strafe soll die Antwort des Staats auf die Unthat des Verbrechers seyn, und nur aus dieser Unthat selbst ist sie zu erklären, zu rechtfertigen, zu bestimmen. Die Strafe als solche also hat nicht abzuschrecken, zu verhüten, zu bessern — sondern zu strafen. Was heißt dies? Die Strafe ist Sühnmittel.

Die Strafe soll nicht Rache seyn, denn diese ist bloß eine subjective Befriedigung des Verletzten und ein Act der Leidenschaft; die Strafe wird auch nicht völlig bezeichnet, wenn sie eine Vergeltung oder Genugthuung genannt wird, denn damit wäre nur der Maßstab, nicht der Grund gegeben, und nur aus dem Grunde läßt sich der Maßstab herleiten; die Strafe ist auch nicht ein Act der Nothwehr des Staats, denn die Anwendung des Nothwehrbegriffs auf unsre Frage ist überhaupt eine ganz confuse, und überdies würde es schwer zu beweisen seyn, daß die Existenz des Staatskörpers absolut höheres oder auch nur gleiches Recht habe wie das menschliche Individuum, in welches Gottes Ebenbild gelegt ist; nicht durch den Staat als eine eigene Existenz, sondern im Wesen des Thäters und der That selbst muß die Strafe begründet seyn, denn nicht der Staat, sondern die menschliche Seele mit ihrem ewigen Gehalt ist letztes und eigentliches Ziel aller Entwicklung.

Die Strafe ist Sühnmittel. Sie soll den Verbrecher in seinem Gewissen treffen und in seinem Innern heimsuchen: dahin, wo der Sitz des Verbrechens, die Wurzel der That ist, will die Strafe dringen, um sie da gleichsam zu vernichten und aufzuheben, die Schuld also zu löschen. Nur mit Löschung der Schuld ist die verletzte Rechtsordnung wiederhergestellt und der gestörte Frieden innerlich und äußerlich wiedergewonnen. Die Strafe ist eine Reinigung und Versöhnung und Lösung: dieser Gedanke geht durch alle ursprünglichen und volksthümlichen Strafideen und stimmt mit der biblischen Lehre überein. Heffter in seinem Lehrbuch des Criminalrechts, § 6. sagt hierüber: In dem von Homer und Hesiod geschilderten Zeitalter der Griechen ward es als Selbstfolge ungerechter Handlungen betrachtet, daß dem Uebelthäter Gleiches mit Gleichem vergolten oder an ihm Rache genommen werde, wenn nicht der Beleidigte oder seine Angehörigen zur Sühne ($ποινή$) sich verstanden. In dem späteren Zeitalter aber, unter der Herrschaft von Gesetzen, erscheint die Strafe als eine politische Genugthuung, als eine Rache, die der Staat im Namen Aller wegen des verletzten Rechts des Beleidigten nimmt, und die sich in eine Abbüßung am Leibe oder an den Gütern auflöst. Nur bei Blutschuld ist die Strafe mehr noch eine Genugthuung für die zunächst Betroffenen, wiewohl unter Vermittlung des Staats, woneben aber auch das Recht der Sühne bestand und zur Versöhnung der Gottheit Lustrationen vorkamen. In Rom fanden ursprünglich bei Verbrechen gegen Individuen theils Selbstrache, theils und zwar häufiger die gerichtliche Einforderung einer Genugthuung Statt, die selbst zur Talion (grobe Vergeltung durch Zufügung eines dem Verbrechen ganz gleichartigen Uebels) in einzelnen Fällen ausgedehnt war, jedoch vorbehaltlich der Sühne. In Fällen aber, wo entweder der öffentliche Religionsglaube oder das Gemeinwesen als unmittelbar oder doch mitbetroffen galt, fand theils Aechtung der Person (sacratio capitis), theils Capitalgericht Statt, wodurch das Leben wegen absoluter Schlechtigkeit verwirkt, wenigstens preisgegeben wurde; daß jene Aechtung auf der Idee einer nothwendigen Versöhnung durch ein Opfer beruhte, ist unverkennbar. Im germanischen Recht endlich zeigt sich derselbe Unterschied: nur die absolute Nichtigkeit oder Verworfenheit eines freien Menschen zog nach dem Urtheil der Volksgemeinde in wenigen bestimmten Fällen die Vernichtung der Existenz nach sich (Tacitus, German. c. 12); in allen anderen Fällen hatte der verletzte Theil das Recht, Selbstrache zu üben oder eine Genugthuung aus den Gütern des Anderen als Sühne (sog. compositio) zu fordern, woneben aber der Gemeinde meistens noch eine besondere Schatzung (fredus) zum Wiedererkauf des Friedens erlegt werden mußte; seltner waren die Fälle, wo dergleichen Schatzung allein vorkam. Mit der Zeit verloren sich die Privatbußen und Ablösungen, und der Richter schritt nun schlechthin mit Strafen an Leib, Ehre oder Gütern ein.

Wir erkennen hier in den Grundzügen eines naiven Volksthums die Idee, daß in der Strafe es auf Sühne (Reinigung) und auf Genugthuung (Vergeltung) ankommt. Tiefer hat auch unsere tiefste Philosophie nicht bringen können, sie hat jenen Blick nur bestätigt und hat genauer aufgezeigt, wie in der Sühne der letzte und eigentliche Grund der Strafe enthalten, und danach der Maßstab der Genugthuung zu bestimmen sei. So ist den Römern, diesem hervorragenden Rechtsvolke, die Strafe wesentlich immer Sühne gewesen, ihr Wort für Strafe (poena, ποινή) bedeutet: Sühnmittel. So ist auch uns die Strafe eine Heimsuchung des Unthäters, die zur Sühne und Versöhnung führen soll. Die Strafe soll versöhnen! Wen? Den Thäter mit Gott, mit der menschlichen Gesellschaft und mit sich selbst. Solche Versöhnung muß vorausgehen, nur dann und auf solcher Basis kann überhaupt von Buße und Besserung die Rede seyn. Es ist eine psychologische und ethische Verkehrtheit, von Besserung ohne Versöhnung zu reden, oder statt die Besserung auf die Versöhnung, diese auf jene gründen zu wollen. Nur im Frieden gedeiht Arbeit, und die Besserung ist ja eine Arbeit der Seele. Darum soll die Strafe den Krieg zum Frieden wandeln: zum Frieden zwischen Gott und dem Thäter, zwischen der Menschheit und dem Thäter, zum Frieden in der eignen Seele des Thäters. Nicht das Verbrechen als äußere That, aber als Schuld kann aufgehoben werden: dies soll die Strafe bewirken, das ist ihr eigentlicher, unmittelbarer Zweck. Aber wie? Jede Lösung setzt ein angemessenes Lösegeld, jede Reinigung ein reinigendes Mittel voraus: insofern kann nun die Strafe auch eine Vergeltung genannt werden. Dem Verbrecher muß vergolten werden, um seine That zu sühnen und seine Schuld zu tilgen. Er muß seine Strafe zahlen, — der Mörder muß mit dem Tode büßen. Er hat mit seiner That die Menschheit im Princip aufgehoben, nur wenn er seine eigene (irdische) Existenz dreingibt und mit der rechten Gesinnung den Tod als Strafe hinnimmt, ist der Flecken von der Seele genommen und innere sittliche Genugthuung geleistet. Strafe, die nur bessern soll, ist ein Unding, ein Luftschloß ohne Basis, denn ohne Zucht keine Buße, ohne Buße keine Besserung. Aber auch nicht um abzuschrecken, soll Todesstrafe verhängt werden, sondern um der Strafwürdigkeit des Mordes den rechten sittlichen Ausdruck zu geben. Diese Idee führt uns auf die letzte Frage.

3. Das Rechtsbewußtseyn im Volke.

Für den praktischen Juristen wird es immer eine Hauptfrage seyn, ob die Abschaffung der Todesstrafe dem Rechtsbewußtseyn des Volks entspreche. Würde diese Strafart wirklich diesem Bewußtseyn entgegenstehen, so würde keiner der angeführten Gründe Stärke genug haben, sie zu halten, und es würde zuletzt selbst für den sittlich strengen Staatsmann die Frage auftauchen, ob es nicht um der Härtigkeit des Volkes willen besser sei, diese Strafart gänzlich fallen zu lassen, weil die Folgen der Beibehaltung schädlicher werden würden, als die schlimmsten Folgen der Abschaffung.

Ich habe den bemerkenswerthen Einwand vernommen, daß das deutsche Volk sein Verdict gegen die Todesstrafe gegeben habe, indem es den Scharfrichter für unehrlich erklärte. Wenn nun letzteres wahr wäre, so würde in der That der Volkssinn indirect gegen jene Strafart zeugen; es ist aber mit nichten wahr. Die Vorstellung nämlich, daß der Scharfrichter ehedem zu den unehrlichen Leuten gerechnet worden sei, ist in die Rumpelkammer derjenigen historischen Mährchen zu verweisen, wohin auch die vielen Fabeln von den unterirdischen Vehmgerichten gehören. Romanschreiber haben solche Irrthümer verbreitet. Runde in seinen Grundsätzen des deutschen Privatrechts, § 309 sagt in voller Uebereinstimmung mit Eichhorn (Einleitung in d. deutsche Privatrecht, § 89) Folgendes: Der Schinder (Halbmeister oder Wasenmeister) stand ehedem in einer öffentlichen Verachtung, um welcher willen sogar seine Nachkommen bis ins 2. Glied von Handwerken ausgeschlossen waren; überhaupt darf aber dieser Vorwurf nicht auf den Scharfrichter und noch weniger auf solche Personen ausgedehnt werden, welche nicht selbst Hand anlegen, sondern aus einem Henkeramte oder einer Wasenmeisterei etwa vermöge erhaltener Belehnungen Vortheile ziehen. Auch Edelleute sind, ihrem Adel unbeschadet, mit dem Henkeramte beliehen worden.* Die alten Vehmgerichte waren ächte Volksgerichte, die sich in Westphalen länger erhielten, als anderwärts: alle zur Vehme gehörigen Freischöffen aber — und diese Mitgliedschaft galt als höchst ehrenvoll und umfaßte selbst die vornehmsten Männer — waren verpflichtet, den Verurtheilten, wo sie ihn trafen, zu „richten" d. h. an den nächsten besten Baum zu hängen und daneben in den Baum ein Messer als Wahrzeichen zu stecken.** Nur das Hinrichten um einen jedesmaligen Lohn galt als verächtlich, nicht aber das mit einer Besoldung versehene Nachrichteramt: so sagt z. B. die Bamberger Halsgerichtsordnung Art. 258. Ja in manchen Städten gab es gar keinen Nachrichter, und lag da die Hinrichtung immer dem jüngsten Schöffen oder Rathsmanne, oder dem jüngsten Ehemanne ob, oder auch es mußten Alle mit Hand anlegen.***

---

* Moser, Proceß III. S. 769.
** s. v. Wächter Beiträge zur deut. Geschichte, S. 31.
*** s. Dreyer Nebenstunden S. 176 ff. J. Grimm Teutsche Rechtsalterth. S. 882 ff. u. Walter Deutsche Rechtsgeschichte, § 719.

So hat sonst das Volksbewußtseyn sich erklärt. Und wie steht es heute? Diese Frage muß aufgeworfen werden.

Es ist aber die Frage im Volke selbst recht zu stellen. Der oben angeführte und als ein erfahrener Criminalist bekannte Hofacker sagt: „Wenn man zu einer Gewißheit über die Ansicht der Mehrzahl der Bürger kommen will, darf man die Frage an den Einzelnen nicht so stellen: soll die Todesstrafe aufgehoben werden? Hier hätte die Unbestimmtheit der Gründe, das bloße Gefühl, die Partei, vielleicht auch die Confession, sogar oft die bloße Widerwärtigkeit der Hinrichtung zu vielen Spielraum, weil die Menge nach augenblicklichen Eindrücken urtheilt. Stellt man aber die Frage so: soll der Königs-, Vater-, Giftmörder, wer die Unschuld der Wollustbefriedigung wegen mordet, mehrere Mordthaten verübt, bewohnte Häuser anzündet und die Bewohner durch Flintenschüsse von der Rettung abhält, das Opfer zu Tode quält u. s. w. mit der Todesstrafe verschont werden? gewiß die Mehrzahl wäre gegen die Abschaffung, sei es auch nur, um sich der schwersten Strafart nicht dauernd zu entäußern."

Sicher eine feine, den tiefen Kenner des Menschen verrathende Bemerkung! Wir fragen aber weiter: was ist also dermalen das wahre Rechtsbewußtseyn im Volke? Die Antwort ist vielleicht rascher zu gewinnen, als Mancher denkt. Sehen wir zu! Jeder praktische Mann muß sagen, daß die Abschaffung der Todesstrafe in den Augen des Volks den Sinn und nur den Sinn haben wird, daß der Staat die Schuld des Mörders fortan niedriger anschlägt und den Mord für nicht mehr eminent strafbar hält. Wir behaupten nicht, daß der Staat selbst gerade dies aussprechen wolle, sondern daß das Volk die Abschaffung der Todesstrafe gerade so verstehen werde, — und dem Verfaffer ift gefprächsweife diefer Umftand felbft von entfchiedenen Gegnern der Todesftrafe offen zugegeben worden. Ift aber diefer Umftand nicht entfcheidend für die geftellte Frage? Durch Nichts wird jener Anfchauung im Volke wirkfam zu begegnen feyn, nicht durch Belehrung, auch nicht durch noch fo ftrenge Durchführung der Freiheitsftrafe. Man mache fich doch keine Illufion! Im Volke wird der Gedanke die Herrfchaft behalten, daß in Sachfen der Mord leichter beftraft und leichter genommen werde, als anderwärts, — und hat nicht damit das Volk fein Urtheil über die Frage gefprochen? freilich nicht auf Grund einer kunftgerechten Strafrechtstheorie, aber mit der Sicherheit eines gar nicht zu verachtenden Inftincts.

Das Strafgefetz hat für das Volk vor Allem den Werth eines fittlichen Maßftabs, das Strafurtheil die Kraft eines fittlichen Wahrfpruchs: fo kommt der Strafvollzug erft in zweiter Linie, und nicht die Abfchreckung, fondern die Genugthuung des fittlichen Abmeffens ift in Frage, wenn wir im Geifte des Volkes davor warnen, ja einen feierlichen Proteft einlegen, daß nicht durch Herabfetzung der Strafe von Todesftrafe auf Freiheitsftrafe dem Volke in Stadt und Dorf, den Kindern in den Schulen, unferen Nachbarn rings an den Grenzen Sachfens, den Reifenden und Gäften in unferm Lande die Vorftellung gegeben werde, als ob der Mord feiner eminenten und unvergleichlichen Strafwürdigkeit entkleidet fei.* Selbft die maßlofefte Anwendung des Begnadigungsrechts würde nicht fo zerfetzend und abftumpfend auf das allgemeine Rechtsbewußtfeyn im

---

* Vergl. 4 Mof. 35, 31—33; Jerem. 48, 10.

Volke wirken, wie die wirkliche Streichung der Todesstrafe. Uns scheint, daß eine Obrigkeit, welche diese Strafart im Princip aufgibt, sich selbst im Princip aufgibt.

III.
Ein Vorschlag zur Einschränkung der Todesstrafe.
1. Die Entsühnungstheorie.

Unter dieser Bezeichnung verstehe ich diejenige Strafrechts= theorie, welche auf die Sühne als Grund und Wesen der Strafe zurückgeht und hieraus auch den Maßstab derselben ent= nimmt. Die Idee der Sühne ist im letzten Grunde eine sitt= liche, aber die tiefsten Beziehungen der Rechtsordnung wur= zeln ja überhaupt in der Sittlichkeit; ein Recht, dessen Wur= zeln aus diesem Nährboden gerissen wären, würde unausbleib= lich zu todten Sätzen und dürren Formeln verdorren. Die Sühne, welcher der Verbrecher sich unterziehen muß, und welche Allen als eine öffentliche Richtschnur des Gewissens bekannt ist, drückt den Grad des Abscheus aus, welchen das Volksgewissen vor Unthaten hat, und soll in jedem einzelnen Volksgenossen diesen Abscheu rege und lebendig erhalten. Darum ist die Grundaufgabe des Strafgesetzes, daß es dem Abscheu vor der Schuld Aus= und Nachdruck gibt. Wir sehen, wie nahe sich diese Idee mit der sogen. Abschreckungs= theorie berührt, welche vom Strafgesetz verlangt und er= wartet, daß es die Furcht vor der Strafe weckt und nährt. Die Sühne, welcher der Verbrecher sich in der rechten Gesin= nung unterzieht, ist aber zugleich auch Buße, und die Buße bildet die Basis der Besserung. Insofern zeigt das Strafge=

setz den Weg zur Besserung, gewährt ein Mittel derselben und hilft sie vorbereiten. Wir sehen, wie nahe diese Idee sich mit der sogen. Besserungstheorie berührt, welche vom Strafgesetz nichts weiter und nichts weniger verlangt und erwartet, als Besserung des Verbrechers.

Man hat nun gegen die Abschreckungs= und Besserungstheorie mit Recht eingewendet, daß sie sich nicht auf das eigentliche Wesen der Strafe gründen, vielmehr nur äußere oder entfernte Zwecke einseitig betonen und auch auf die Frage nach dem Maßstab der Strafe ohne Antwort lassen. „Ueberhaupt führt der Besserungszweck zur Straflosigkeit, der Abschreckungszweck zur Grausamkeit: denn wozu sollte man einen reuigen, bereits vollkommen gebesserten Verbrecher noch strafen, wenn es dabei eben bloß auf Besserung abgesehen ist? Und wie vermöchte man wirksamer abzuschrecken, als durch die härtesten Strafen?" (Pfotenhauer). Dennoch ist unverkennbar, daß gerade diese beiden Theorien, unter Laien besonders, viele Anhänger zählen und zu den populärsten Strafrechtstheorien gehören. Es scheint mir daher sehr zur Empfehlung der Entsühnungs= oder Expiationstheorie zu gereichen, daß sich zeigt, wie dieselbe gewissermaßen jene zwei populären Theorien nicht bloß verbindet, sondern in der Vereinigung auch läutert.

Energische Naturen neigen immer zur Abschreckungstheorie: unbestreitbar ist daran, daß das Strafgesetz auf die Triebe des Volkes wirken und Verbrechen verhüten soll; das Falsche aber ist, daß Furcht vor der Strafe erzielt werden solle, und das Wahre ist, daß Scheu vor der Schuld und Angst vor der That bewirkt werden muß. Dieser Gesichtspunkt zeigt uns die geläuterte Abschreckungstheorie. — Zartere Doctrinäre steuern immer mit vollen Segeln auf die Besserung los und wollen erziehen und erneuern. Unbestreitbar ist daran, daß das Strafgesetz die Perspektive der Buße und Besserung nicht verschließen, vielmehr erschließen soll; das Falsche aber ist, daß Buße ohne Rücksicht auf Zucht, und die Arbeit der Besserung ohne den Frieden der Versöhnung als erreichbar gilt, und das Wahre ist, daß die Strafe die Voraussetzungen der Besserung zu verwirklichen hat.

Ich denke, hierüber sollte eine Verständigung wohl möglich seyn, und es würde dann mit einem geringern Aufwand von Argumenten und Phrasen der Abschreckung und Besserung ihr Platz in oder neben dem Strafsystem gesichert werden. Wenn das Strafgesetz bloß Scheu vor der Strafe bewirken sollte und könnte, so würde das Strafamt vom höheren Sittengesetz geschieden bleiben, und darum muß erkannt werden, daß die Strafe die Scheu vor dem Verbrechen bezweckt. Wenn das Strafgesetz nur auf Besserung ausginge, so würde das Strafamt mittels Zwang ein Resultat der Freiheit, also Unmögliches erstreben, und darum muß erkannt werden, daß die Strafe die Zucht will, um die Buße und Besserung zu ermöglichen. Die einseitige Abschreckungstheorie erreicht nicht — und die einseitige Besserungstheorie überholt den eigentlichen Strafzweck, welcher nur in der Entsühnungstheorie zu seinem Recht kommt und in dieser erst sowohl sittlich, als möglich ist.

Endlich gibt diese Entsühnungstheorie zugleich die rechte Grundlage für den Beruf des Staats, d. h. der Obrigkeit. Die Aufgabe des Staats ist Verwirklichung und Wahrung der Rechtsordnung. Ist diese durch Mißachtung seiten eines Verbrechers gestört, so hat der Staat sie im Verbrecher wie=

derherzustellen: dies kann er nur so erwirken, daß er in das Innere des Verbrechers eingreift und ihn in seinem Willen und in dem Punkte seines Willens ergreift, von wo die That entsprang. Dort muß der Wille des Verbrechers gebrochen und diese Brechung äußerlich und für Alle constatirt werden. Wie aber dieser Punkt des Willens zu treffen ist, das läßt sich nicht willkürlich feststellen, sondern ergibt sich aus dem Gewissen des Volks und bestimmt sich nach den sittlichen Grundsätzen, von welchen die ganze Generation, und folglich im untersten Grunde der Verbrecher selbst mit beherrscht wird. So kann die Aufgabe des Staats nimmermehr ganz getrennt werden von dem Sittengesetz; so ist die Frage, ob Todesstrafe auf Mord gebühre, immer eine zugleich sittliche und rechtliche, und das Rechtsgesetz kann nur auf Grund des Sittengesetzes erörtert und geregelt werden. Das Strafgesetz entspricht darin völlig dem Strafurtheil, denn dieses, wie nicht oft genug wiederholt werden kann, ist seinem Wesen nach und in der Anschauung des Volks immer zugleich ein sittlicher und rechtlicher Wahrspruch.

2. Der Mord und sein Maßstab.

Ich sagte, daß, ob und wo der verbrecherische Wille in seinem Mittelpunkt getroffen werde, eine Frage des Volks= gewissens sei, und diese mit dem Volksbewußtseyn zusammen= hänge. Das Bewußtseyn ändert sich und selbst die sittlichen Anschauungen bleiben nicht immer völlig gleich; allein ich be= haupte: der Satz, „wer Menschenblut vergießt, dessen Blut soll wieder durch Menschen vergossen werden", lebt so tief im Bewußtseyn des Menschen, der Menschheit, daß kein Gesetz= geber und keine Doctrin ihn ersticken oder herausreißen wird, und daß alles Ankämpfen dagegen nur ein Zeichen vorübergehender Stimmungen ist. Bis jetzt, so lehrt die geschichtliche Erfahrung, hat die Todesstrafe sich immer wieder die Rückkehr erzwungen, und nicht ich allein, sondern sehr Viele haben die Ueberzeugung, daß, wenn die Obrigkeit sich wirklich auf die Dauer ihres Schwerts begeben wollte, das rohe Volk dasselbe aufheben und in seiner Weise gebrauchen würde. Keine andere Strafe kann im sittlichen Bewußtseyn des Volks die Todesstrafe ersetzen; es gibt ein Verbrechen, für welches im Princip keine andre volle Sühne und rechte Genugthuung ist, als das eigne Leben des Verbrechers: das ist der Mord, die mit Absicht und nicht in der Aufwallung (Affect) verübte Tödtung.

Denn was ist ein Mord? Ein Mörder verachtet und verneint durch seinen Entschluß das Lebensrecht seines Mitmenschen, das Recht der Gattung, und diesen furchtbaren und über alles Maß hinausragenden Entschluß läßt er zur That reifen. Mancher Entschluß, auch der kräftigste, schaudert noch vor der Wirklichkeit zurück, die er kalten Blutes vor sich gewahrt: der Mörder führt diesen Entschluß über in die That, und mit kaltem Blute setzt er seinem äußersten Egoismus die Krone auf. So triumphirt die Sünde des einen Thäters über die Gattung, und darum ruft die Gattung, die Menschheit, mit überall und durch alle Zeiten vernehmlicher Stimme, daß eine solche That eine Lebensfrage des Thäters selbst ist. Ein Verbrecher, der kalten Blutes die Unthat vollbringt, identificirt sich mit seiner That; so identificirt sich auch der Mörder mit dem Mord, den er kaltblütig vollbringt; seine That ist Vernichtung eines Menschenlebens, also eines Lebens, das gleichartig ist seinem eignen die Vernichtung zeugenden Leben; dieser Vernichtungswille ist ein lebendiges Stück seiner Seele geworden; aber Vernichtung der Gattung ist ein Gedanke, welchem der vor Allem zum Opfer fallen muß, in welchem er geboren und zur That geworden ist. Nur durch solches Opfer triumphirt die Menschheit über die Unmenschlichkeit, und triumphirt das Sittengesetz über den Triumph des Egoismus.

Der Mörder ist, wer will das bestreiten? ein Mensch, welcher es über sich vermocht hat, sich in töbtlichen, absoluten und bedingungslosen Widerspruch zu setzen mit den Grundbedingungen des Bestehens seiner Gattung — nur durch absolute Vernichtung dieses Vernichtungswillens ist daher der Gattung ihr volles Recht geworden, ihr Bestand im Princip gewahrt und das Recht durch den Staat bewährt. Dies ist der Sinn des furchtbaren Wortes: Blut um Blut. So gewiß die Bibel ein Buch gewesen ist und bleiben wird für alle Zeiten und Zonen und redend in allen Sprachen und für alle Völker: so gewiß wird auch der Spruch in Geltung bleiben, daß, wer Menschenblut vergießet, dessen Blut wieder durch Menschen vergossen werden soll; er wird aufrecht bleiben als ein mit der Natur des Menschen zusammenhängendes Sitten- und Rechtsgesetz. Dieses Wort ist furchtbar, aber furchtbarer, weit furchtbarer als die Todesstrafe ist der Mord, und so lange es Menschen gibt, die das Schwert nehmen, soll auch die Obrigkeit ihr Schwert ergreifen und beweisen, daß sie als Obrigkeit im Stande und Willens sei, Sühne zu schaffen und nicht mit bloßer Abschlagszahlung das Gewissen des Volks beschwichtigen wolle. Der Mord fordert die Todesstrafe, wie jedes andre Verbrechen seine Strafe fordert, und wenn der Staat die Todesstrafe hinfüro verweigern sollte, so würde die

Stimme des Volksgewissens rufen, daß ihm sein Recht nicht werde.

Man kann es gar deutlich beobachten, wenn ein Mord vorgefallen ist und die Nachricht herumkommt, in welcher ganz unvergleichlichen Weise da das Gemüth der Nachbarschaft, der ganzen Gemeinde aufgeregt wird; ja das Land nimmt in weitesten Umkreisen daran eigenthümlich Theil. Es ist nicht Neugier und flüchtiges Interesse, wie bei anderen Verbrechen, sondern beim Mord ist das Gefühl, als ob es alle unmittelbar berühre. Und dieses unvergleichliche Interesse ist auch ein dauerndes; wenn der Mörder nicht hingerichtet wird, bleibt er der Gegenstand der erregtesten Gespräche, ein immer lebendiges Thema und eine ungesühnte Schuld. So zeugt das Volksgewissen.

Es muß ja freilich zugegeben werden, und es wird rückhaltlos zugegeben, daß die Todesstrafe eine außerordentliche, exorbitante Strafe ist. Aber ich frage: ist nicht auch der (planmäßige) Mord eine außerordentliche, exorbitante Unthat? Ich bin überzeugt, daß die Allerwenigsten unter den Gegnern der Todesstrafe sich eine wirklich lebendige und klare Vorstellung von der schauerlichen Natur des Mordes, von der schwarzen Schuld des Mörders machen, die durch die unglücklichsten Umstände der Erziehung doch im Grunde nur verhältnißmäßig wenig Milderung erfährt. Und wie natürlich ist diese Unvollkommenheit der Vorstellung! Wie kann auch die Phantasie eines Nichtmörders hinreichen, das volle Bild des Mords zu entwerfen und die Schuld des Mörders in seine Tiefen zu verfolgen, wenn nicht scharfe Beobachtung einzelner Mörder oder genaues und wiederholtes Studium karakteristischer Criminalfälle zu Hülfe kommt? Der Mord ist und bleibt ein Verbrechen, das außer allem Vergleich steht. Für sämmtliche übrigen Verbrechen gibt es eine annähernd zutreffende Gradation des Maßstabs, hier hört eigentlich alle stufenweise Specialisirung auf. Der Mord ist gleichsam die Summe aller Verbrechen und die letzte Consequenz aller möglichen verbrecherischen Triebe.

3. Zwei Kategorien des Mordes.

Ich sagte, daß ein Mörder, der einen Mordgedanken in sich zur vollen Reife der That gebracht und mit kaltem Blute die That vollendet hat, ein furchtbarer Mensch sei; ihm muß vor sich selbst und vor der Menschheit grauen, wenn nicht das Blut in ihm zu Stein geworden ist. An diesen Gedanken soll nun eine weitere Betrachtung geknüpft werden, durch welche ein oft gehörter Einwand gegen die Todesstrafe gewürdigt und zugleich eine Anzahl vermeintlicher Gegner der Todesstrafe mit unsrer Vertheidigung derselben vielleicht ausgesöhnt wird.

Jener Einwand geht dahin, daß die Todesstrafe eine un=theilbare Strafart sei, welche zur Folge habe, daß, wenn das Verbrechen überhaupt (und ohne specielle Milderungs=gründe) vorliegt, die Schuldunterschiede, welche sich aus der individuellen Gestaltung der einzelnen Fälle ergeben, von dem Gerichte unberücksichtigt gelassen werden müssen, und daher die verschiedensten Grade der Verschuldung von derselben Strafe betroffen werden.* Hiergegen ist Folgendes zu sagen. Der kalten Blutes vollbrachte Mord ist unter allen Umstän=den ein so schweres Verbrechen, eine so eminente Unthat, daß

---

* s. Mittermaier in d. allgemeinen deutschen Strafrechtszeitung Jahrg. 6. S. 95 ff. u. Kübel im Württemb. Archiv für Recht u. Rechts=verwaltung Bd. 10 (1867) S. 335.

dieser Größe gegenüber alle denkbaren Schuldunterschiede nahezu verschwindend sind und verhältnißmäßig nicht bedeutender erscheinen, als solche Unterschiede der Schuld, wie sie bei allen anderen Verbrechen vorkommen mögen, ohne daß sie berücksichtigt werden können. Bei einem einfachen Diebstahl lassen sich so unendlich viele Nüancen sittlicher Schlechtigkeit denken, daß denen gegenüber auch das weiteste Strafmaß, welches unsre Gesetze dafür aufstellen, absolut unzureichend zu nennen ist. Wir treffen hier eben auf die Grenze menschlichen Vermögens, es kann aber nimmermehr zugestanden werden, daß die Todesstrafe nicht im Durchschnitt dem Mord und seinen mannichfachen Arten angemessen sei. Uebrigens sprechen wir mit den Worten Pfotenhauers (S. 57): "Der Menschenmord ist einzig in seiner Art und hat nicht seines Gleichen unter den übrigen Verbrechen. Diese letzteren sind alle von der Beschaffenheit, daß sie ein Mehr oder Weniger von Unrecht enthalten, nach welchem sich die ihnen gebührende Strafe ausmessen läßt. Bei dem Morde hingegen hören diese quantitativen Werthbestimmungen auf, denn er besteht nicht in einer Summe einzelnen Unrechts, sondern in der Aufhebung alles Rechtes an der Person, in der Vernichtung der Persönlichkeit selbst. Gestattet demnach die Größe der vom Mörder begangenen Rechtsverletzung eine weitere Ausmessung gar nicht, und ist folgeweise jede andere Strafe, welche eine bloße Beschränkung oder Aufhebung einzelner Rechte enthält, außer allem Verhältniß zu jener; so kann auch die gerechte, vergeltende Strafe, wenn sie dem Wesen der im Morde liegenden Verletzung, der Vernichtung des Menschenlebens, gleichkommen soll, nur wiederum das Leben des Mörders zum Gegenstande haben."

Eine einzige Stufe innerhalb des Mordbegriffs läßt sich vielleicht denken, an welche die Erwägung eines unterschiedenen Strafmaßes geknüpft werden könnte. Diese soll jetzt angestellt, und wenn ich mich auch bescheide, hier Festes und Abgeschlossenes zu geben, doch darauf gerichtet werden, daß von berufenen Männern Endgiltiges gesprochen und einer allgemeineren Ueberzeugung Bahn gemacht werde. Hofacker, der schon mehrmals angeführte Criminalist, sagt (S. 14), er sei der rechtlichen Meinung, daß die Todesstrafe auf die schwereren Fälle des Mords beschränkt werden könne, bei den leichteren aber nicht absolut zur Anwendung kommen müsse, indem man diese als Ausnahmsfälle ansehe, er deutet dann (S. 18) an, als solche leichtere Arten könnte es gelten, wenn der Thäter durch schwere Mißhandlungen, Beleidigungen, Beschimpfungen, oder auch durch erhebliche Drohungen zur That getrieben sei; allein er fügt dem ausdrücklich bei, daß das keine ausreichende Bestimmung sei. Sehen wir also zu!

Es kann beim Mord etwa nach dem Beweggrund gefragt werden: indeß ist man fast einstimmig darüber, daß diese Frage in das Gebiet der reinen Sittlichkeit zu verweisen ist und das Recht den Mord angreift ohne Rücksicht darauf, ob der gierige Trieb des Mörders auf die Person (Rache) oder ihr Gut (Habgier) ging.

Es könnte auf das persönliche Verhältniß geblickt werden, in welchem der Mörder zu dem Ermordeten stand, und in der That ist diesem Umstand in den meisten Gesetzgebungen ein Einfluß eingeräumt worden. Es wäre nach diesem Gesichtspunkt denkbar, daß das Recht eines Volkes, in welchem das Unterwerfungsverhältniß des Kindes oder Gesindes unter die elterliche und häusliche Disciplinargewalt besonders energisch gedacht würde, ausspräche, daß Kinder- und Gesindemord milder zu bestrafen sei. In der That ist denn nach der anderen Seite hin jenem Umstand Rechnung getragen, indem Verwandten- (Eltern-) und Regentenmord als besonders schwere Arten des Mords behandelt werden. Allein die Frage drängt sich auf, ob hier doch nicht Momente vorliegen, die ihrem Wesen nach dem rein sittlichen Urtheil und dem Rathschluß Gottes selbst vorzubehalten seien. Schon in alten Volksrechten wurde wohl in solchen Fällen die Strafe schlechthin auf einen religiösen Spruch und Act zurückgeführt: ein zu beherzigender Wink. Es bleibt für uns, wenn wir nur einfache Todesstrafe haben, überhaupt kein Mittel übrig, der Steigerung der Schuld durch Verschärfung der Strafe Ausdruck zu geben, ich meine aber auch, daß hier nicht ein Mangel der Rechtsordnung, sondern überhaupt deren Grenze vorliegt. (Vergl. auch Berner Todesstrafe S. 37.)

Man könnte ferner etwa die Formen der Verübung in Anschlag bringen und Meuchelmord, Giftmord, Mordcomplott u. s. w. unterscheiden, wobei wieder die Frage der Strafabmessung entstünde. Indeß ist man von solcher Unterscheidung neuerdings immer mehr mit Recht zurückgekommen, denn es gilt hiervon gerade das oben Bemerkte, daß alle diese verschiedenen Formen gegenüber der einen unvergleichlichen Idee des Mordes fast in Nichts verschwinden. Nur das mag zugegeben werden, daß hinter dieser Formfrage eine andre Frage sich verbergen kann, auf welche alsbald näher wird eingegangen werden.

Endlich hat man unterschieden, ob die Tödtung in der Aufwallung („aus Jachheit", im Affect) oder mit kaltem Blut („fürsetzlich", mit Vorbedacht!) bewirkt ist: jene heißt Todtschlag, diese aber Mord im engeren und eigentlichen Sinn. Es ist dabei zu betonen, daß die Frage der Prämebitation (d. h. der längeren vorausgehenden Ueberlegung — Planmäßigkeit, außer Spiel bleibt; zwar scheint in neueren Strafgesetzgebungen das Moment der Prämeditation etwas mehr in den Vordergrund zu treten*, ich wüßte aber nicht, daß es sich zu einem System entwickelt hat und zu einer Theorie erhoben ist, und doch möchte ich gerade hieran anknüpfen.

Es gibt meiner Ueberzeugung nach in der That einen principiellen Unterschied zweier Kategorien des Mords, die auf juristisch relevanten Kriterien beruhen: nennen wir sie den planmäßigen und nichtplanmäßigen Mord. Eine Tödtung kann ohne Aufwallung und doch ohne reife Ueberlegung und eigentliche Prämeditation verübt seyn, und eine solche mit dem Tode zu bestrafen, scheint mir hart und wohl kaum durch das Rechtsbewußtseyn unsres Volkes heutzutage gefordert. Ich will dahin gestellt seyn lassen und biblischen Autoritäten anheimgeben, zu erwägen, ob nicht schon in der wirklich karakteristischen (und wie mir gesagt ist, dem Hebräischen völlig entsprechenden) Wendung der heil. Schrift: „Wer Menschenblut vergießet —" die Andeutung liegt, daß eine gewisse Planmäßigkeit vorausgesetzt werde; der Umstand, daß dasselbe Wort in jenem Urspruche zugleich für das Strafamt der Obrigkeit gebraucht wird („dessen Blut soll wieder vergossen werden"), dürfte die Annahme unterstützen, daß „Blut vergießen" ein grundsätzliches und gleichsam systematisches Tödten ausdrückt. Ferner scheint mir, daß derselbe Gedanke einer Unterscheidung des planmäßigen Mordes in der Strafgerichtsordnung Karl's V. (Carolina) angedeutet

---

* s. Marezoll, Das gem. deutsche Criminalrecht § 104.

vorliegt, indem dort (Art. 130) der Giftmord mit strengerer Strafe als der einfache Mord belegt war. Man nimmt gewöhnlich an, daß die besonders gefährliche Form dieser Mordart diese Auszeichnung veranlaßt habe; richtiger scheint es mir, anzunehmen, daß dahinter der höhere Gedanke schwebt, es handle sich beim Giftmord ganz vorzugsweise um eine wesentliche Art des verbrecherischen Willens, die nun freilich auch in anderen Formen noch auftreten kann. Verallgemeinert ist dieser Gedanke folgender.

Ist die Ausführung der That so nahe an den allerersten Entschluß gerückt, daß Beides wie eine psychologische Einheit im vollen Sinn erscheint, so ist der Mord ein unplanmäßiger. Ein solcher Mord ist ein leichteres Verbrechen insofern, als dabei der Mörder gleichsam unter dem Eindruck und Gewicht seines ersten frevelhaften Entschlusses handelt, dessen Schuld allerdings durch mancherlei Umstände als mehr oder weniger gemildert gelten kann. Ein solcher erster Entschluß ist immer das Ergebniß einer Unruhe des Gemüths und begleitet von den verwirrenden Schlägen des Gewissens: diese Bewegung ist freilich keineswegs auf Eine Linie mit der Aufwallung (dem Affect) zu stellen, noch weniger mit ihr zu verwechseln; es ist eine Bewegung des Gemüths, welche keineswegs das kalte Blut heiß macht. Allein das ist klar, daß in solchen Fällen nicht eigentlich gesagt werden kann, der Mörder habe seinen Entschluß völlig ausreifen lassen und die Frucht seines Willens wirklich ausgetragen, habe sich mit der That ganz und definitiv identificirt. Eine derartige Identificirung ist nur dann vorhanden, wenn der Frevler, nachdem er den Entschluß gefaßt, denselben als ein Gesetz seines Handelns mit sich herumgetragen, in sich und mit seinem Herzblut genährt, gegen die widerholten Bisse seines Gewissens in Schutz genommen, durch eine Reihe zusammenstrebender Handlungen hindurch geführt und mitten unter den zwischen und entgegentretenden Erlebnissen und Erfahrungen immer wieder zur Herrschaft über den inwendigen Menschen zugelassen hat. Ein solcher Mörder, aber nur ein solcher, hat sich mit der Existenz der Menschengattung in unlöslichen Widerspruch gebracht, an einen solchen ist kein Pardon zu geben und keine Concession zu machen: die Menschheit würde sonst mit sich selbst in den grassesten Widerspruch gerathen. Der Giftmord nun wird fast ausnahmslos unter diese Kategorie fallen, und darum hat er auch von jeher vor der Volksanschauung als eine besonders grauenhafte Erscheinung gestanden, nicht wegen der Form, sondern wegen des Wesens. Denken wir uns im Gegenbild einen armen, von der Hand in den Mund lebenden Tagelöhner, welcher zufällig mit einem Wanderer am einsamen Orte zusammentreffend und von diesem den Besitz einer Baarschaft vernehmend alsbald zur That des Mords verschreitet: so haben wir keinen Todtschlag, sondern einen Mord, aber keinen prämeditirten und planmäßigen Mord, und wir möchten hier nicht behaupten, daß der Thäter seine Seele mit dieser That völlig identificirt habe. Auch eine solche That wird freilich keineswegs psychologisch unvorbereitet seyn, sie kann nur da entspringen, wo schon viele frevelhafte Regungen verwandter Art vorausgingen; aber doch ist sie etwas principiell Anderes, als der auf bestimmte Personen gerichtete und zum Plan sich ausdehnende Mordgedanke. Jene augenblickliche That hat wirklich — obwohl alle freie That aus der Tiefe der ganzen Persönlichkeit stammt — etwas Begrenztes an sich und scheint nicht so durchdringend und Alles übertönend laut zu schreien, wie jenes Blut Abels, welches das schließliche Opfer eines längst gehegten Bruderneides und Bruderhasses war; und selbst die Abschreckungstheorie, die doch so lebhaft an Beibehaltung der Todesstrafe gegenüber dem planmäßigen Mord interessirt ist, kann keine Besorgniß haben hier, wo die Raschheit der Ausführung schwerlich es zu einem Gedanken an das drohende Strafgesetz kommen läßt.

Möchten daher die Gesetzgeber auf diesen Punkt das Auge der Gegenwart richten und den Vertretern des Volks vorangehen, sofern es praktisch durchführbar ist, eine einfache und durchschnittlich erkennbare Linie zu ziehen zwischen dem Morde mit und ohne Prämeditation. Gewiegten Richtern könnte die Entscheidung sicher mit Ruhe anheimgegeben werden, und ich denke, daß gerade dieser Punkt auch ein solcher ist, welcher dem Ermessen von Geschwornengerichten vertrauensvoll überlassen werden darf. Man wolle daher die Androhung der Todesstrafe einschränken nicht bloß auf wirklichen Mord, sondern weiter noch auf den **planmäßigen Mord**! Darin wird man sich mit dem heutigen wahren Volksbewußtseyn begegnen, wird man viele vermeintliche Gegner der Todesstrafe versöhnen und gewinnen, unklare Ansichten läutern und die Majestät des Sitten- und Rechtsgesetzes in voller und ganzer Kraft erhalten; die obrigkeitliche Gewalt aber mag in der Beschränkung ihrer Spitze eine heilsame Schärfung derselben allerwärts erkennen.

4. Der Erlaß und der Vollzug der Todesstrafe.

Die Wahrheit, wenn sie gewonnen ist, erweist sich als die dankbarste aller Kräfte, denn sie strahlt dann nach allen Seiten heilsame Wirkungen aus. Auch die Scheidung der angedeuteten zwei Kategorien des Mords scheint mir eine solche Wahrheit zu seyn. Mit ihrer Durchführung im Strafgesetz erlangt die Criminalordnung eine Bestimmtheit der Linien, welche hier besonders wichtig ist. Der Mord und die Todesstrafe stehen gleichsam auf der Höhe des ganzen Gebäudes der menschlichen Schuld= und Schutzordnung: es ist neben der schwarzen That das flammende Schwert und, wie ehedem vor Aller Augen, neben dem Körper des von der Vehme Gerichteten das Messer als Wahrzeichen des Arms der vergeltenden Vehme! Auf den Mörder sind immer in ganz eigenthümlicher Weise die Augen des Publikums gerichtet; wenn auf dieser Höhe der Justiz der Arm der Justiz unstät und ohne Grundsätze ist: so rächt sich das immer besonders schwer in der sittlichen Haltung der Menge. Wenn irgendwo, so muß daher die oberste Höhe fest und majestätisch stehen. Die Gnade ist eines der herrlichsten Vorrechte des Souveräns, freilich auch eines der schwersten: dem Amt entspricht die Last, und der Freudigkeit der Gnade die Bedrängniß der Verantwortlichkeit. Neben die Gnade ist die Milderungsgewalt der Geschwornen in manchen Strafgesetzen gestellt und danach viel geübt worden. Allein es fragt sich nun, welche Tragweite diese außerordentlichen Gewalten für den ordentlichen und gemessenen Gang der Justiz wohl haben; vielfach ist bemerkt worden, daß durch diese Gewalten die Justiz in bedenklicher Weise gefährdet sei, und dieser Gedanke ist der Ueberlegung werth.

Ich finde nicht, daß eine häufigere Ausübung souveräner Gnade und freier Milderung so nachtheilig, als von Manchen behauptet wird, auf das Volksbewußtseyn wirke, und zwar finde ich dies aus folgendem Grunde. Die Strafe tritt zunächst als sittliche und rechtliche Würdigung der That, als Wahrspruch der Autorität über die Schuld des Thäters auf, und dies ist es, was das Gewissen des Volks zunächst und vorzugsweise verlangt. Die innere Genugthuung, die hierin liegt, wird nicht sofort beeinträchtigt durch die Suspension oder Erlassung des Vollzugs. Allerdings muß der Vollzug nun als die normale Folge des Wahrspruchs hinzukommen, und wenn die Norm aufhörte, und die Abnormität siegte, würde das Gewissen des Volks schließlich in arge und unheilvolle Verwirrung gerathen; ich habe die Aufhebung der Todesstrafe eine Abbrechung der Spitze vom Schwert der Obrigkeit genannt: es darf diese Spitze auch nicht krumm gebogen werden, und ärger wäre die Verwirrung, wenn die Gnadenacte zur Regel werden, als wenn die Geschwornen von ihrer Milderungsgewalt übermäßigen Gebrauch machen, denn dort würde das Volk irre werden an dem Einklange der höchsten Factoren und Autoritäten des Staatswesens, während hier das Gefühl sagen würde, daß in den Geschwornengerichten die wechselnde Volksüberzeugung einen naiven Ausdruck findet, die sich doch selbst immer leicht wieder corrigiren kann und nicht eine so eminente Tragweite hat. In zahlreichen alten Weisthümern kehrt für grobe Baumfrevel immer derselbe fast wörtlich gleichlautende Wahrspruch wieder, welcher dem Frevler eine der denkbar grausamsten Leibesstrafen dictirt, aber vollzogen wurde diese Strafe längst nicht mehr;* nur blieb es ein sittliches Bedürfniß der Genossenschaft, daß öffentlich und feierlich verkündigt wurde, was nach strengem Recht und ursprünglicher Sitte dem Frevler gebühre.

---

* Vergl. Grimm, deutsche Rechtsalterthümer, S. 521.

So beginnt eines dieser Weisthümer ausdrücklich: „Wo der begriffen wird, der einen stehenden Baum schälet, dem wäre Gnade nützer denn Recht, und wenn man dem soll Recht thun, soll man ihm ꝛc." Wir ersehen, daß Uebung der Milde der Todesstrafe gegenüber im Volksgericht wohl Bestand hat, aber ich zweifle, daß dies in ganz gleichem Maße von den höchsten Gnadenacten ausgesagt werden kann.

Möge aber die zu häufige Uebung der Gnade und der Milde im obigen Sinn großen oder nur geringen sittlichen Nachtheil haben, so wird doch unter allen Umständen es eine sehr erwünschte Consequenz einer Theorie seyn, wenn sie das Gebiet der strengen Justiz genauer absteckt und so gleichsam den Factoren der obersten Gnade und Milde ihre außerordentliche Verantwortlichkeit genauer und enger eingrenzt. Dies nun leistet unsere Theorie, denn nach ihr übernähme das Gesetz selbst gleichsam die Begnadigung einer beträchtlichen Anzahl von Mördern, oder gäbe das Verdict mildernder Umstände des Mordes im Voraus und ein für allemal, und der Mund, der jetzt nicht mehr in den Fall käme, über unbedachten Mord Gnade zu sprechen, würde es minder schwer empfinden, wenn das öffentliche Gewissen die Versagung der Gnade in den meisten Fällen des vorbedachten oder planmäßigen Mords erwartet.

Das Volksgewissen verlangt die Todesstrafe für den Mord der letzteren Art, es wird sie immer und immer verlangen, d. h. als Regel und oberste Norm der Justiz; hier versteht das öffentliche Gewissen gar nicht die Gnade, es erwartet den Vollzug, ja es verlangt im Grunde auch noch eine feierliche Manifestation desselben, d. h. die Hinrichtung als einen öffentlichen Act; nicht zwar mehr in der früheren rohen Form eines öffentlichen Schaugepränges, aber doch immer in einer Form, welche es der Gemeinde, wo der Mord zu sühnen ist, sinnlich nahe bringt, daß die Justiz zu ihrem vollen Rechte kommt. Ohne eine solche mit öffentlicher Würde und festem Ernst auftretende Feierlichkeit würde in der That der Vorwurf der Barbarei und der unziemliche Ausdruck, daß der Mörder zum Schlachtopfer werde, einen Schein von Berechtigung erlangen. Ich erkläre mich entschieden für die s. g. Intramuralexecutionen, aber ich halte dafür, daß der Kreis der Zuzulassenden unter Controle möglichst weit gezogen, auch dem ganzen Publikum der Augenblick des eminentesten Bewährungsaktes der Gerechtigkeit durch bestimmten Klang der Gerichtsglocke angekündigt und Allen, die es hören können und wollen, zu Gemüthe geführt werden soll, daß eine der schrecklichsten Unthaten, die gedacht und vollbracht werden können, hier ihre volle irdische Sühne gefunden hat.

Anhang.

Im Königreich Sachsen ist eben durch ein an die Stände des Landes ergangenes Decret v. 25. Januar d. J. im Entwurf eines Gesetzes, welcher 26 (verschiedene Aenderungen einzelner Artikel des Strafgesetzbuchs enthaltende) Nummern begreift, u. A. die Aufhebung der Todesstrafe für bürgerliche Verbrechen vorgeschlagen worden. Das Land ist von diesem Vorschlag völlig überrascht worden, da keine Stimme eines derartigen Wunsches dermalen im Volke laut geworden, und eine Kunde von Vorbereitungen jenes Vorschlags nicht ins größere Publicum gedrungen war. Form und Sache haben

Viele in Verwunderung gesetzt. Aber es ist zur Motivirung des Vorschlags angeführt worden, der Gesetzgeber müsse dem Volke vorangehen, um ihm den Fortschritt der Civilisation zu zeigen und zu erleichtern. Wir antworten hierauf mit den Worten des berühmten Juristen von Savigny, welcher als preußischer Justizminister erklärte*: die Abschaffung würde einen unglaublich großen und bedenklichen Eindruck hervorrufen, bedenklich nicht sowohl wegen der möglichen Vermehrung todeswürdiger Verbrechen — denn dies sei nicht voraus zu bestimmen —, als vielmehr wegen der Nachwirkung auf das Rechtsbewußtseyn der Nation; man würde nicht voraussetzen, daß den Forderungen der Humanität nachgegeben sei, sondern daß die Gesetzgebung in ihrem Ernste nachgelassen habe. Und wir fügen die Worte eines Theologen hinzu, dessen Vorurtheilslosigkeit anerkannt ist, Palmer's**, welcher sagt: „Verkehrt ist es, zuerst die Strafe aufzuheben, während das Verbrechen fortdauert; will man erst zusehen, ob nicht auch ohne die adäquate Strafe das Verbrechen aufhöre, so wäre das ein Experiment, das zwar in der That schon vorgeschlagen wurde; solch ein Experiment kann aber einem Volke sehr theuer zu stehen kommen."

Es ist in den Discussionen, wie auch schon anderwärts, ferner darauf hingewiesen worden: daß ein die Anwendung der Todesstrafe forderndes Rechtsbewußtseyn unsres Volks nicht existire, sei durch den Umstand bewiesen, daß die Geschwornen gerade bei todeswürdigen Verbrechen und zwar selbst bei der augenfälligsten Schuld des Angeklagten, so häu-

---

* s. Goltdammer, Material. I. S. 86.
** in Herzog's Real-Encyclopädie f. protestant. Theologie u. Kirche, H. 205. S. 355.

sig auf Freisprechung oder mindestens auf Annahme von mildernden Umständen zu erkennen pflegten. Wir antworten hierauf mit den Worten Geib's*: „Die Unhaltbarkeit dieses Arguments liegt auf der Hand. Der Unterschied zwischen Forderungen der Gerechtigkeit im Allgemeinen und der Vollstreckung dieser Forderungen auf eigne persönliche Verantwortlichkeit ist ein so bedeutender, daß die Mehrzahl jener Geschwornen, die es nicht über sich gewinnen können, wegen eines mit dem Tode bestraften Verbrechens ihr „Schuldig" auszusprechen, gegen Andere, die unter gleichen Voraussetzungen in der nämlichen Weise, wie sie selbst handeln wollten, gewiß zu dem allerbittersten Tadel sich für berechtigt hielten."

Es ist ferner gegenüber dem Citat von Kant und Hegel bemerkt worden, daß andere Philosophen für die gegentheilige Ansicht angeführt werden könnten. Nun gibt es bekanntlich nicht gar viele Kant und Hegel, wir wollen aber hinzufügen, daß auch J. G. Fichte**, obschon er erst aus dem Vernunftzweck des (zu bessernden!) Menschen die Unrechtmäßigkeit der Todesstrafe deducirt, dennoch dem Staate als juridischer Person ausdrücklich das Recht zugesteht, sich der gefährlichsten Verbrecher durch die Todesstrafe zu entledigen. Und zu den Philosophen ersten Ranges ließen sich viele Philosophen zweiten und dritten Ranges leicht hinzufügen. Philosophen der verschiedensten Richtungen, H. Richter so gut wie Henrici, Heinroth so gut wie Schilling, Stahl so gut wie Krug, den man den sächsischen Philosophen par excellence nennen könnte, fordern die Todesstrafe; Letzterer*** sagt:

---

* Lehrb. des deutsch. Strafrechts (II. 1862) S. 408.
** Syst. d. Naturrechts II. S. 126. Syst. d. Sittenlehre S. 373 ff.
*** Ideen zu e. deutschen Strafgesetzgeb. S. 23 ff.

„Die Argumente, welche man gegen das Recht, mit dem Tode zu strafen anführt, lassen sich gegen jede Strafe geltend machen. Wohl wäre es schön, wenn wir die Todesstrafe entbehren könnten, allein es wäre noch schöner, wenn wir die Strafe überhaupt entbehren könnten. So lange das letztere nicht der Fall ist, wird auch das erstere schwerlich der Fall seyn." Wir fügen aber noch hinzu, daß auch fast sämmtliche theologischen Ethiker, und zwar der verschiedensten Standpunkte, wie Daub, Marheineke, Rothe, Harleß, Wuttke, Schmid, sich für die Todesstrafe erklärt haben.*

Es sind sodann in eigenthümlicher Weise Stadt und Land für unsere Frage confrontirt worden: eine Confrontation von zweifelhaftem Sinn und Werth, wie aus folgenden Worten des bereits citirten Geib** erhellt: „Das Rechtsbewußtseyn des deutschen Volks würde sich entschieden verletzt fühlen, wenn wir auch den Mörder, der mit kaltem Blute seinem Opfer das Leben genommen, nur mit derselben Strafe wie irgend einen anderen Verbrecher belegen wollten. Wahrlich, der gesunde und unverfälschte Sinn des Bürgers und Bauern würde durch jede derartige Strafe jenen Mörder nicht nach Verdienst, nicht nach den Forderungen der Gerechtigkeit für bestraft halten; und anstatt also einen Fortschritt in der Legislation, einen Triumph der Humanität und des Liberalismus hierin zu erblicken, würde er unsere Neuerung nur als leere Phantasterei oder frivole Leichtfertigkeit ansehen. Wer aber über eine solche Verletzung und Verhöhnung des Volksbewußtseyns dadurch sich hinwegsetzen kann, daß er dasselbe etwa als blindes Vorurtheil betrachtet, mag auf alles Andere, aber nur nicht auf den Namen eines Juristen und Legislators Anspruch machen." Zuverläs-

---

* s. Palmer a. a. O. S. 342. 355.
** Die Reform des deutschen Rechtslebens (1848), S. 158.

siger, weit zuverlässiger, und wir meinen, auch weit entscheidender ist die Confrontation sämmtlicher namhaften Sachverständigen, d. h. Criminalisten, welche über die Frage gesprochen haben. Wir lenken auf diesen Umstand noch ganz besonders die Augen Aller, denen die Frage eine Gewissenssache ist. Beinahe sämmtliche namhafte Criminalisten, theoretische wie praktische Autoritäten, sind Vertheidiger der Todesstrafe. Hat man diesen Umstand schon genügend berücksichtigt? Wir meinen, dieses an Einstimmigkeit grenzende Gutachten wäre der Berücksichtigung werth, wo es sich darum handelt, daß eine seit Jahrtausenden bestehende Institution mit Einem Federstrich beseitigt werden soll. Zu den oben aufgeführten Namen* fügen wir weiter hinzu die Namen von Steltzner, Biener, Hye und Hälschner.** Es ist aber gegen den mitgenannten Namen v. Feuerbach's eingehalten worden, derselbe sei in seiner letzten Zeit ein Gegner der Todesstrafe geworden. Wir geben zu, daß dieser Umstand nicht unwichtig wäre, wenn er sicher bezeugt wäre. Aber ist er dies? Wir haben zu bedenken, wie energisch und in welchem grundsätzlichen Zusammenhange v. Feuerbach wiederholt und zu verschiedenen Zeiten*** die Todesstrafe vertheidigt und gefordert hat; es ist bedeutsam, daß Mittermaier, der bekannte Renegat in der Frage der Todesstrafe und Herausgeber der letzten drei Auflagen des Feuerbachschen Lehrbuchs, nichts weiß von einer solchen

---

* s. oben S. 6. 9.
** s. Geib, Lehrb. d. deutsch. Strafrechts (II. 1862) S. 408.
*** s. v. Feuerbach, Kritik d. Kleinschrod'schen Entwurfs, III. S. 168. Bibliothek des peinl. Rechts, II. Stück 1. S. 113. Lehrb. d. peinl. Rechts § 145. 154.

Meinungsänderung des berühmten Criminalisten. So reducirt sich jene Annahme auf folgenden schwachen Stützpunkt, welcher in einer Anmerkung in Feuerbach's biograph. Nachlaß (Bd. 1 S. 232) gefunden wird. Hier heißt es: „Grohmann, dieser gründliche Kenner der Todesstrafe, macht in seiner Schrift: Christenthum und Vernunft für die Abschaffung der Todesstrafe (1835, S. 237) die wahrscheinlich aus einem Briefe Feuerbach's an ihn geschöpfte Mittheilung, daß F. am Ende sich überzeugt habe, daß die Todesstrafe als unrechtmäßiges Strafmittel abzuschaffen sei." Ich gestehe, daß ich es nicht für exact halte, auf eine solche ohne Quellenangabe mitgetheilte Annahme eines Gegners der Todesstrafe hin Feuerbach nun auch zu den Gegnern derselben zu rechnen.

Wir kommen auf die Betrachtung zurück, daß mit unseren größten Dichtern, welche in hervorragenden Schöpfungen ihrer Phantasie die Tiefen ihres deutschen Geistes erschlossen haben, mit unseren ersten Philosophen, welche von verschiedenen Centralpunkten des Denkens aus in demselben Gedanken zusammentreffen, und mit der überwiegenden Majorität der namhaften theologischen Ethiker dieselbe überwiegende Majorität der namhaften Criminalisten übereinstimmt*. Die Namen eines Oersted, Kleinschrod, Grolmann, Jarcke, Roßhirt, Just. Möser, Tittmann, Hepp, Bauer, Abegg, v. Wächter, Harpprecht, Beyerle, Breidenbach, Hofacker, Pfotenhauer, Geib, Steltzner, Viener, Hye und Hälschner zeigen uns, wie die namhaften Praktiker mit den namhaften Theoretikern eine Phalanx herstellen, gegen welche die Gegnerschaft so weniger namhafter

---

* Vergl. auch das einstimmige Gutachten des Herzogl. Altenburg. Landes-Justizcollegii i. J. 1852 in Hitzig's Annalen Bd. 32. S. 80.

Criminalisten kaum in Betracht kommen kann. Wir meinen nicht, daß eine Wahrheit durch Autoritäten den Geist selbstständiger Ueberzeugung unterdrücken und sich als deren Tyrann proclamiren dürfe: allein zu allen Zeiten hat man, wo es sich um tiefe und schwierige Fragen handelte, das Gutachten sachverständiger Männer eingeholt, und hier kann es nicht zweifelhaft seyn, wie das Gutachten lautet, da von namhaften Gegnern außer einem unmittelbar Betheiligten und außer Grohmann und Köstlin nur Mittermaier und Berner zu nennen sind. Der zuletzt Genannte ist dermalen der (theoretische) Criminalist, aus dessen Deductionen jüngere Kämpfer vorzugsweise ihr Rüstzeug entnehmen. Fassen wir ihn daher noch besonders ins Auge.

Berner trägt, so scheint mir, den Zwiespalt der Meinungen in sich selbst. Er ist es, welcher selbst einige der schneidendsten Argumente seiner Gegner geistreich geschärft hat. Oft nimmt er einen Anlauf, daß man meinen sollte, er wolle die Todesstrafe vertheidigen, und man fühlt sich dann überrascht, wenn das Gegentheil nachfolgt. Wollte man jenes Noahitische Urgesetz: Wer Menschenblut vergießt ec. mit wenigen Schlagworten commentiren, so würde man etwa sagen: „Unsere Strafrechtspflege würde tiefere Wurzeln schlagen im sittlichen Volksbewußtseyn, wenn die Physiognomie des Verbrechens sich in der Strafe selbst ausprägte." Aber die Gegner der Todesstrafe werden erstaunt seyn, zu hören, daß diese Worte eben Worte Berner's[*] sind, welche von demselben im Brennpunkte seines Strafsystems ausgesprochen werden. So zeugt der namhafteste Gegner gleichsam widerwillig für

---

[*] Lehrbuch des Strafrechts (4. Aufl. 1868) S. 30.

die Todesstrafe, und wenn er nachher nicht die erforderlichen Consequenzen zieht, kann er da den Vorwurf vermeiden, daß jene Wendung eine Phrase sei? Demselben Gegner der Todesstrafe verdanke ich auch das Moment, daß der Angriff auf die Strafe ein Bruder der Revolution und mit dieser fast regelmäßig Hand in Hand gegangen sei[*]; bloß dies will ich betonend hinzufügen, daß die gemeinsame Mutter dieses Geschwisterpaars die Gesellschaft jener rationalistischen und beziehendlich atheistischen Encyclopädisten Frankreichs war, von welcher vor 100 Jahren der Mailänder Kreis des Beccaria seine Parole holte. Wir möchten hier mit Göthe sagen: „Man versteht nur das wahrhaft, von dessen Entstehen man einen deutlichen Begriff hat"; und nochmals fragen: Wie ist der Angriff auf die Todesstrafe entstanden? Schon die Geschichte Rom's kennt eine Agitation gegen die Todesstrafe; aus dem Kampfe der politischen Parteien, welche der Gracchischen Revolution unmittelbar vorhergingen, stammen jene drei Porcischen Gesetze, welche den Römischen Vollbürgern als Privileg die Exemtion von Todesstrafen gewährten[**]; freilich wurde Verwandtenmord davon wieder ausgenommen, und in der Ruhe der Kaiserzeit auch für andere Verbrechen Todesstrafe von Neuem eingeführt[***]; und überdies darf nicht verschwiegen werden, daß gerade in die Zeiten der Geltung jener Gesetze die furchtbaren Metzeleien, Bürgerkriege und Proscriptionen Roms fallen. — Und welchem Abgrunde entstieg die französische Revolution des 18. Jahrhun-

---

[*] s. oben S. 14.
[**] s. Lange, Röm. Alterthümer II. S. 179. 185. 218. 480.
[***] Paul. Sent. rec. V, 23, 1; fr. 3. § 5. D. ad leg. Corn. de sicar. (48, 8); fr. 1. 9. D. de lege Pomp. de parricid. (48, 9).

derts? Der freigeisterische Atheismus und jene sociale Vertragstheorie, welche auf eine fundamentale Leugnung der obrigkeitlichen Gewalt hinausläuft, sind Vater und Mutter der französischen Revolution, und die Encyclopädisten ihre Geburtshelfer. Das kann man in jedem neueren Geschichtsbuch lesen. Der Faden, welcher von Voltaire auf Robespierre führt, ist kurz und roth genug. In Robespierre nun traf jenes Geschwisterpaar in seltsamer Umarmung zusammen, und seitdem ist es ein Vorrecht revolutionärer Krisen und erregter Zeiten geblieben, die Abschaffung der Todesstrafe auf die Tagesordnung zu setzen. Viele, welche Gegner dieser Strafe sind, würden, wenn sie jenen Umstand gründlich erwägen wollten, zu ebenso entschiednen Vorkämpfern werden. Die Todesstrafe ist und bleibt im Princip die Spitze am Schwert der Obrigkeit, welches ein Lehen Gottes ist.

Es ist wahr, daß die Todesstrafe ein Stück nach dem anderen von ihrem Gebiet hat räumen müssen, und wir selbst klagen nicht, sondern freuen uns darüber; aber wahrlich, wir verstehen nicht, wie man diese Einschränkung als einen Beweis gegen Recht und Princip der Todesstrafe überhaupt hat geltend machen können. Wird man wohl, wenn Ueberladung der Kunst, der Rede, der Kleidung getadelt und abgestellt, und Einfachheit angestrebt wird, sagen, daß folgerichtig Alles zu beseitigen und ein Nichts zu erstreben sei? Ich sollte vielmehr denken, daß, je deutlicher der eigentliche — ja, der planmäßige Mord von der Nachbarschaft aller sonst noch für todeswürdig geachteten Verbrechen geschieden würde, um so greller das unvergleichlich Furchtbare des Verbrechens Allen einleuchten müßte; und ich wiederhole Palmer's Wort: "Nur diesem Verbrechen entspricht diese Strafe, aber auch nur diese Strafe entspricht diesem Verbrechen." Unsere Zaghaftigkeit des Urtheils in Sachen der peinlichen Strafen ist vornehmlich ein Vermächtniß aus den Zeiten maßloser Härte und rauhester Sitte, die sich nun allerdings völlig überlebt haben, aber richtig ist noch jetzt, was ein in unserem Vaterlande bekannter Jurist, Milhauser*, gesagt hat: „Es wäre gewiß ein schöner Triumph, wenn Sachsen der erste Staat wäre, der die Todesstrafe abschaffte; allein nur dann könnte es für einen Ruhm gehalten werden, wenn man sagen könnte, Sachsen sei der erste Staat, der sie nicht mehr braucht. Allein dieser Zeitpunkt ist gegenwärtig so wenig, wie vielleicht für irgend einen der jetzt bestehenden Staaten der Welt, für Sachsen schon vorhanden. Selbst unter den gebildetsten Völkern im civilisirten Zeitalter bietet die Herrschaft des Luxus immer neue mächtige Anreizungen zu Verbrechen dar, und fast überall, wo die glänzendsten Tugenden sich erheben, stehen ihnen schmähliche und verruchte Missethäter gegenüber."

In anderen Ländern ist zu Zeiten die Regierung vom Volke gedrängt worden; in Sachsen ist dermalen von der Regierung die Initiative ausgegangen, ein Recht zu discutiren, das seit Jahrtausenden als ein staatliches Grundrecht ist geachtet worden. Mit Trauer im Herzen müssen da sich treue Anhänger des Sächsischen Staats und patriotische Bürger eines geliebten Gemeinwesens entschließen, zu bekämpfen, was von der Regierung ihres Landes ausgeht. Sie müssen sich dazu entschließen, dem Rufe ihres Gewissens folgend, obgleich es wahrlich kein freudig begeisterndes Ziel ist, das schwärzeste Verbrechen im Auge auf Gegenmittel bedacht zu

---

* s. Hitzig's Annalen d. Criminalrechtspflege, ed Schletter, N. F. Bd. 24. (1851), S. 228.

seyn und für eine furchtbare Strafe einzutreten. Ist es nicht wunderleicht dagegen, für den zauberhaften Klang der „Besserung" und für das Ideal eines Friedens Aller mit Allen zu schwärmen? Wie fließen da von den Lippen leicht die süßen und die stolzen Reden! — Es ist ein Kampf an hellem Tage zwischen den Verfechtern der Todesstrafe und ihren Gegnern; über beiden stehet die Sonne. Zweifelsohne ist der Vortheil der äußeren Position auf Seiten der Gegner; sie haben die Sonne im Rücken, die Verfechter haben sie im Antlitz. Aber der Letzteren Blick ist der Sonne zugewendet, der der Gegner von ihr abgekehrt. Diese Sonne ist die Wahrheit, und der Sieg der Wahrheit stehet im Himmel geschrieben.

Uebersicht.

	Seite
I. Ein Votum gegen die Abschaffung der Todesstrafe	3
1. Die Frage	3
2. Das Experiment	13
3. Die Einwände	18
4. Die Gründe	29
5 Die Grenzen	32
II. Eine Mahnung zur Wahrung der obrigkeitlichen Strafgewalt	36
1. Der Arm der Obrigkeit	38
2. Die sittlichen Wurzeln der Strafidee	41
3. Das Rechtsbewußtseyn im Volke	45
III. Ein Vorschlag zur Einschränkung der Todesstrafe	49
1. Die Entsühnungstheorie	49
2. Der Mord und sein Maßstab	52
3. Zwei Kategorien des Mords	56
4. Der Erlaß und der Vollzug der Todesstrafe	63
Anhang	67